부모은중경 · 관음경

광덕 역

불광출판부

懷躭 守護恩

여러겁을	내려오며	인연이 -	중하여서
어머니의	태를빌어	금생에 -	태어날때
날이가고	달이져서	오장이 -	생겨나고
일곱달에	접어드니	육정이 -	열렸어라.
한몸이 -	무겁기는	산악과 -	한가지요
가나오나	서고앉고	풍재가 -	겁이나며
아름다운	비단옷도	도무지 -	뜻없으니
단장하던	경대에는	먼지만 -	쌓였더라.

臨産受苦恩

아기를 -	몸에품고	열달이 -	다차가서
어려운 -	해산달이	하루하루	다가오니
하루하루	오는아침	중병들은	몸과같고
하루하루	깊어가니	정신조차	아득해라.
두렵고 -	떨리는맘	무엇으로	형용할까
근심은 -	눈물되어	가슴속에	가득하니
슬픈생각	가이없어	친족들을	만날때면
이러다가	죽지않나	이것만을	걱정하네.

生子忘憂恩

자비하신	어머니가	그대를 —	낳으신날
오장육부	그모두를	쪼개고 —	헤치는듯
몸이나 —	마음이나	모두가 —	끊어졌네.
짐승잡은	자리같이	피는흘러	넘쳤어도
낳은아기	씩씩하고	충실하다	말들으면
기쁘고 —	기쁜마음	무엇으로	비유할까.
기쁜마음	정해지자	슬픈마음	또닥치니
괴롭고 —	아픈것이	온몸에 —	사무친다.

咽苦吐甘恩

중하고도	깊고깊은	부모님의	큰은혜요
사랑하고	보살피심	어느땐들	끊일손가.
단것이란	다뱉으니	잡수실게	무엇이며
쓴것만을	삼키어도	밝은얼굴	잃지않네.
사랑하심	중하시사	깊은정이	끝이없어
은혜는—	더욱깊고	슬픔또한	더하셔라.
어느때나	어린아기	잘먹일것	생각하니
자비하신	어머님은	굶주림도	사양찮네.

回乾就濕恩

어머니 –	당신몸은	젖은자리	누우시고
아기는 –	받들어서	마른자리	눕히시네.
양쪽의 –	젖으로는	기갈을 –	채워주고
고운옷 –	소매로는	찬바람 –	가려주네.
은혜로운	그마음에	어느땐들	잠드실까
아기의 –	재롱으로	기쁨을 –	다하시네.
오로지 –	어린아기	편할것만	생각하고
자비하신	어머니는	편안할것	안구하네.

乳哺養育恩

어머님의	중한은덕	땅에다-	비유할까
아버님의	높은은덕	하늘에-	견줘볼까
하늘은혜	땅의은혜	이은혜를	크다하랴
아버지와	어머니의	크신은덕	그를넘네.
아기비록	눈없어도	미워할줄	모르시고
손과발이	불구라도	싫어하지	않으시네.
배가르고	피를나눠	친히낳은	자식이라
종일토록	아끼시고	사랑하심	한이없네.

洗濯不淨恩

생각하니	그옛날의	아름답던	그얼굴과
아리따운	그몸매는	유연도—	하셨어라.
두눈썹은	푸른버들	가른듯—	하였었고
두빰의—	붉은빛은	연꽃보다	더했어라.
은혜가—	깊을수록	옥의모습	스러졌고
부정한것	씻느라고	맑은얼굴	상했어라.
오로지—	아들딸만	사랑하고	거두시다
자비하신	어머니는	얼굴모양	바뀌셨네.

遠行憶念恩

죽어서 — 헤어짐도 참아가기 어렵지만
살아서 — 헤어짐은 아프고 — 서러워라.
자식이 — 집을나가 먼길을 — 떠나가니
어머니의 모든마음 타향밖에 나가있네.
밤낮으로 그마음은 아들일을 따라가고
흐르는 — 눈물줄기 천줄긴가 만줄긴가
원숭이 — 달을보고 새끼생각 울부짖듯
염려하는 생각으로 간장이 — 다끊기네.

爲造惡業恩

부모님의	은혜가 -	강산같이	중하거니
깊고깊은	그은덕은	실로갚기	어려워라.
자식의 -	괴로움은	대신받기	원하시고
자식이 -	고생하면	부모마음	편치않네.
자식이 -	머나먼길	떠난다 -	들을지면
잘있는가	춥잖은가	밤낮으로	걱정이고
자식들이	잠시동안	괴로운일	당할때면
어머님의	그마음은	오래두고	아프셔라.

究竟憐愍恩

부모님의 크신은덕 깊고도 — 중하여라
크신사랑 잠시라도 끊일사이 없으시니
앉으나 — 일어서나 그마음이 따라가고
멀든지 — 가깝든지 크신뜻은 함께있네.
어머니 — 나이높아 일백살이 되었어도
팔십살된 그아들을 어느때나 걱정하네.
이와같은 크신사랑 어느때에 끊이실까
수명이나 다하시면 그때에나 쉬실까. —

부모은중경 · 관음경

광덕 역

중판에 부치면서

　부모님을 우러러 사모하는 정은 모든 사람 가슴속에 가득히 고이고 그것이 철철 흐르기를 기다리고 있는 것 같습니다.
　때를 만나고 사람을 만나고 누군가가 그 가슴속을 스치기만 하면 몸이 떨리고 눈물이 터지고 가슴이 아리고 서러워지는 것 같았습니다.
　이것은 노소의 차이도 없고 남녀의 차이도 없어 보였습니다.
　지난달 「부모은중경」을 인쇄에 부치면서 교정을 맡은 사람들이 몇 사람인가 눈시울을 적셨습니다. 하숙방에서 혼자 이 경을 읽던 학생은 불현듯 부모님이 그리워 부모 앞에 달려갔습니다. 나이 많으신 어머님께 이 경을 읽어드리던 젊은 딸은 읽는 중에 눈물을 가누지 못하고 마침내 읽어내려가지를 못하였습니다. 아마도 몇 사람이 부모에 대한 잘못을 뉘우치고 몇 사람인가가 이미 가신 부모님 앞에 오열을 삼켰을 것입니다.
　싸늘하고 각박하고 냉철한 정신으로 생애를 몰고가고, 눈앞에 잡힐 듯한 행복만을 뒤쫓던 생활 속에서 이 경을 만났을 때 누구나 그리운 부모님 품을 생각하는 모양입니다. 잃었던 인생의 뿌리를 생각하였고 스러져 간 전생의 마음 고향을 생각해 내는 듯하였습니다.
　진실로, 덧옷을 벗기고 꾸밈을 벗기고 찌든 때를 벗겨내었을 때 부모님에 대한 그리움이 강물처럼 터져 나오는 것 같습니다.
　여기서 생명이 새로워지고 인간이 새로워지고 생활이 새로워져 말끔한, 천진한 인간이 탄생하는가 합니다. 이래서 효는 인간에 돌아가는 길이고 진실한 인간을 행하는 길이고 진실한 인간의 사회를 만들어가는 큰길인가도 생각합니다.
　이 점에 있어 이 경은 마땅히 효도 제 일서라 하겠습니다.
　이번 중판은 이러한 뜨거운 눈물의 호소에 대한 부응입니다.
　이미 가신 부모님을 생각할 때 하늘에 사무친 그리움과 치밀어 오르는 서러움이 어머님을 불러보고 부처님을 부르면서 마침내 이 경을 공양하게 된 것입니다. 그리고 이 기회에 다른 불자에게도 이 경을 나눌 수 있도록 여유를 갖기로 하였습니다.
　중판에 즈음하여 이번 간행에 계기를 마련하여 주신 분들과 이 경을 대하는 분 모두가 천진본성이 영롱하게 빛나고 존망 부모님이 무량광불 광명을 함께 맞게 되기를 거듭 간절히 비는 바입니다.

　　　　　　　　　　　　　　　불기 2522년 11월 9일
　　　　　　　　　　　　　　　서울 대각사 불광당에서
　　　　　　　　　　　　　　　　　광덕　삼가 씀

머 리 말

오늘날 인류의 문명은 크게 발달하였다고 합니다. 과학기술을 토대로 한 물질문명은 놀라운 발전을 계속하고 있습니다. 그러나 인간생활이 편리해지고 윤택해지기는 하였어도 인간의 덕성이 성장하고 인간심정이 풍요로워졌다는 말은 없습니다. 오히려 물질적 경제적 성장에 비례하여 인간심정은 더욱 거칠어가고 인간적 덕성은 허물어져 가는 것을 식자들은 걱정하고 있습니다.

부처님께서는 인간이 인간답게 산다는 것을 단순한 물질이나 생활환경의 안정과 풍요만으로 보지 않으셨습니다. 그보다도 인간이 지니는 진실한 내면가치를 도야하고 빛내고, 그 위덕을 유감없이 발휘하는 것을 더욱 소중히 하셨습니다. 인간이 인간다운 덕성을 갖출 때 인간의 능력은 빛을 내는 것이며 그 땅에는 평화가, 그 역사에는 영광이 있는 것이라 보셨던 것입니다. 오늘날 우리 주변에 성장과 발달을 말하면서도 인간의 가치와 행복이 공허해졌다고 하는 것은, 그 원인에 인간이 지녀야 할 기본적인 가치와 덕성을 등한히 한 데 있었다고 하겠습니다.

대개 인간은 부모로 인하여 태어나고 성장합니다. 그런 만큼 부모의 은혜를 알고 갚는다는 것은 인간으로서 가장 원초적이며 정신적인 기초를 다져가는 것이며, 또한 인간다운 품성을 나타내는 것이라 하겠습니다. 그리고 인간사회의 인간적인 유대와 관계의 형성도 부모에 대한 효에서 비롯된다 하겠습니다. 효를 잊을 때 인간으로서의 품성은 상실되고 인간사회의 조화있는 성장은 붕괴될 것이 명백합니다.

그러므로 부처님께서는 효에 대한 말씀이 간곡하십니다. 세간의 윤리도덕을 집중적으로 다룬 유교경전이 멀리 따라 올 수 없으리만큼 방대하고 세밀한 내용을 설하셨습니다. 그리고 효를 몸소 행하셨으며 세존 당시의 제자들이 또한 그러하였습니다. 부처님 가르침에는 세간이나 출세간에서나 높은 도덕행과 보살도를 많이 말씀하셨고 불자들은 그 모두를 배우기에 생애를 바칩니다마는, 그러나 아무리 높은 지혜와 덕성과 완벽한 보살도를 실천한다 하더라도 만약 효도를 행함에 흠이 있다면 다른 수행이나 덕성은 모두가 텅 빈 짓이 되고 만다 하겠습니다. 일체 선행, 일체 공덕의 근본이 효며 시작이 또한 효인 것입니다. 그러기에 경에 말씀하시기를 "효의 공덕은 부처님께서 한 겁 동안 상속하여 말씀하시더라도 다 말씀하지 못한다"하였고, "부처님께 공양함과 부모님께 효도한 공덕이 똑같다"고 하셨으며, "부처님이 삼계의 비할 데 없는 금색원만신을 성취한 것도 다생 동안 효도한 인연이라"고 말씀하신 것입니다.

오늘날 우리나라는 국가 내외에 많은 어려움을 이기고 괄목할

만한 경제적 성장을 이룩하였다는 말을 듣고 있습니다. 이러한 말을 우리들 자신에게서 돌이켜 비추어 볼 때 그러한 약간의 성장은 물량적인 것일 뿐, 결코 인간이 지녀야 할 높은 품성과 인간정신의 도야에는 성장은 커녕, 오히려 많은 우려를 금할 수 없는 불행스러운 현상이 널려 있는 것이 숨길 수 없는 현실이라 하겠습니다.

부처님의 가르침은 영원히 인간과 역사와 세계를 붙들고 키워가는 진리이지만 그중에서도 오늘날 우리에게 무엇보다도 절실한 것은 인간면목의 자각과 인간다운 덕성의 함양이라 하겠습니다.

이러한 확신에서 비납은 그동안 각행사상(覺行思想)을 전하고 행하는 일에 미력이나마 몸바쳐 왔습니다마는 경을 통하여 우리들은 '효' 한 자가 인간적 행위의 표징이며 만 가지 선행의 첫째이고, 인간성 넘치는 도의사회를 붙들고, 한 민족이 건전하게 발전하는 요추(要樞)라는 사실을 깊이 배워야겠다고 생각합니다.

이 경 상자(上梓)에 즈음하여 죄송스럽게 생각하는 바는, 세 경을 묶은 경명을 '부모은중경'이라 하였다는 사실과 그중에 『심지관경』 「부모은중장」은 이번 역출에서 새로 붙인 이름이라는 사실입니다. 그렇게 한 이유로서 여기 모은 경전이 일관해서 부모의 은혜가 중한 것을 설한 경전이라는 사실과, 다음 '부모은중장'은 『심지관경』 「보은품」에서 네 가지 큰 은혜를 말씀하신 가운데서 부모의 은혜를 말씀하신 대문만을 뽑았으므로 부모은중장이라 하여 큰 허물은 되지 않으리라 생각한 것입니다. 제현들의 혜량을 바라는 바입니다.

  이제 붓을 놓고 기원하는 바는, 이 경전을 펴고, 환희하고 찬탄하며 일념이라도 효심을 새로이 하는 이가 그의 칠세 선망부모와 함께 모두 법성신(法性身)을 이루게 되기를 비는 바입니다.

불기 2522년(무오) 8월 30일
서울 대각사 불광당에서
광덕 삼가 씀

일 러 두 기

여기 번역에서는 우리나라에 전해 내려오는 용주시판 「불설대보부모은중경」을 대본으로 하였는데 다만 〈 〉 표시한 대문은 돈황본인 「불설부모은중경」에서 취하여 첨가한 것이고, 〔 〕표시의 대문은 서울 칠보사 강석주 스님이 펴낸 「새로 엮은 부모은중경」을 의용한 것이다.

- 「불설우란분경」과 심지관경보은품부모은중장은 「고려대장경」을 대본으로 하였다.
- 주는 불경을 처음 대하는 분을 위하여 간단한 풀이에 그쳤다.
- 「관세음보살 보문품」은 「고려대장경본 법화경」을 기본으로 하고 '난죠·이즈미(南條·泉)' 공역의 범본(梵本) 법화경 역본을 참고하였다.

그림으로 보는 부모은중경

중판에 부치면서 • 2
머리말 • 4
삼귀의 • 11
발원문 • 12
대보부모은중경 • 15
불설우란분경 • 59
심지관경 보은품 부모은중장 • 71
묘법연화경 관세음보살보문품 • 101
발원문 (제2 반야보살 행원기도) • 125
축원문 (왕생정토 기원) • 130

大報父母恩重經 • 3
佛說盂蘭盆經 • 15
大乘本生心地觀經 報恩品 父母恩重章 • 18
妙法蓮華經 觀世音菩薩普門品 • 29

삼귀의(三歸依)

거룩한 부처님께 귀의합니다
거룩한 가르침에 귀의합니다
거룩한 스님들께 귀의합니다

발 원 문

저희들이 지극한 마음 다해 시방 삼보님께 귀의하오며 넓고 큰 원을 발하옵고 이제 부모은중경·관음경을 지송하옵니다.

바라옵건대 저희 조국 대한민국이 평화통일 이루옵고 만세무궁 만만세 하여지이다.

우리 겨레와 모든 중생이 다 맑고 밝은 큰 마음을 발하여 원만한 덕성과 뛰어난 재질을 남김없이 발휘하여지이다.

저희들의 역대 선망 조상님과 의롭게 살다가신 선열들과 모든 애혼불자들이 모두가 고통을 벗어나서 극락세계에 왕생하여

지오며 이 경을 보거나 듣는 자 모두가 보리심을 발하여 각기의 집안과 나라와 세계를 위하여 빛나는 큰 뜻을 원만히 이루어지이다.

개경게(開經偈)

위-없이 심히깊은 미묘법이여
백-천- 만겁인들 어찌만나리
내-이제 보고듣고 받아지니니
부처님의 진실한뜻 알아지이다.

개법장진언(開法藏眞言)

옴 아라남 아라다 (3편)

대보부모은중경
大報父母恩重經

제1분 법회를 이루다 (서분)

이와 같이 내가 들었다.[1] 한때 부처님께서 사위국(舍衛國)[2] 왕사성(王舍城)에 있는 기수급고독원(祇樹給孤獨園)[3]에서 대비구(比丘)[4] 삼만팔천인과 그밖에 많은 보살(菩薩)[5]마하살들과 함께 계셨다.

제2분 마른 뼈의 가르침 (정종분)

그때에 세존[6]께서 대중을 거느리시고 남방으로 나아가시다가 한 뼈무더기를 보시더니 오체를 땅에 붙이시어 그 마른 뼈를 정중히 예배하셨다. 이를 본 아난[7]과 대중이 부처님께 말씀드렸다.

"세존이시여, 여래(如來)[8]께서는 바로 삼계[9]의 큰스승이시며 사생(四生)[10]의 어버이시라 여러 사람들이 귀의하고 공경하옵거늘 어찌하여 이름모를 뼈무더기에 친히 절하시옵니까?"

부처님께서 아난에게 이르셨다.

"네가 비록 나의 상족 제자(上足弟子)[11]이며 출가한 지도 오래 되었지만 아는 것은 넓지 못하구나. 이 한 무더기의 마른 뼈가 어쩌면 내 전생의 조상이거나 여러 대에 걸친 부모일 것이므로 내가 지금 예배한 것이니라."

부처님께서 다시 아난에게 이르셨다.

"네가 이 한 무더기 마른 뼈를 둘로 나누어 보아라. 만일 남자의 뼈라면 희고 무거울 것이며 여인의 뼈라면 검고 가벼우리라."

아난이 부처님께 말씀드렸다.

"세존이시여, 남자는 세상에 있을 때 큰 옷을 입고 띠를 띠고 신을 신고 모자를 쓰고 다니기에 남자인 줄 아오며, 여인은 생전에 붉은 주사와 연지를 곱게 바르고 난사(蘭麝)[12]로 치장하고 다니므로 여인인 줄 알게 되옵니다. 그러나 죽은 후의 백골은 남녀가 마찬가지이옵거늘 어떻게 그것을 제자로 하여금 알아보라고 하시옵니까."

부처님께서 다시 아난에게 이르셨다.

"만일 남자라면 세상에 있을 때에 가람(伽藍)[13]에 들어가서 법문도 듣고 경도 외우며 삼보[14]께 예배하고 염불도 하였을 것이니라. 그런 까닭에 그 사람의 뼈는 희고 또 무거우니라. 그러나 여인은 세상에 있을 때에 감정을 함부로 하고 음욕을 행하여, 자녀를 낳고 기름에 있어 한 번 아이를 낳을 때에 서 말 서 되나 되는 엉긴 피를 흘리며 아기는 어머니의 흰젖을 여덟 섬 너 말이나 먹느니라. 그런 까닭에 뼈가 검고 가벼우니라."

아난이 이 말씀을 듣고 가슴이 터질 듯하여 눈물을 흘려 슬피 울면서 부처님께 말씀드렸다.

"세존이시여, 어머님의 은덕을 어떻게 보답할 수 있사오리까."

제3분 잉태하였을 때의 고생

부처님께서 아난에게 이르셨다.

"너는 이제 자세히 들어라. 내가 너를 위하여 분별 해설하리라. '무릇 사람이 이 세상에 있게 됨은 부모님을 인연하기 때문이니라. 아버지가 아니면 나지 못하고 어머니가 아니면 자라지 못하나니 어머니 몸 속에 의지하여 달이 차면 이 땅에 태어나게 되느니라. 이로부터 어머니는 여덟 섬 너 말의 젖을 자식에게 먹이고 열 손가락 손톱에 묻은 자식의 더러운 것을 먹으니 어머니의 은혜는 하늘과 함께 다함이 없느니라.'

어머니가 아기를 가지면 열 달 동안의 신고(辛苦)는 무엇으로도 형용할 수 없느니라.

어머니가 잉태한 첫 달에는 그 기운이 마치 풀잎 위의 이슬 같아서 아침에는 잠시 보존하나 저녁에는 보존하지 못하나니, 이른 새벽에는 모여왔다가 오시(午時)만 되면 흩어져 가느니라. 그러다가 잉태한 지 두 달이 되면 우유를 끓였을 때 엉긴 거와 같이 되느니라. 잉태한 지 셋째 달에는 그 기운이 마치 엉긴 피와 같게 되고 잉태한 지 넷째 달에는 차츰 사람의 모양을 이루며 다섯 달에는 어머니 뱃속에서 아기의 다섯 부분(五胞)의 모양이 생겨 나느니라. 무엇을 아기의 다섯 부분이라 하랴. 머리가 한 부분이고 두 팔꿈치까지 합하면 세 부분이고 두 무릎을 합치면 다섯 부분이 되느니라.

잉태한 지 여섯 달이 되면 어머니 뱃속에서 아기의 여섯 가지 정기(六精)가 열리느니라. 여섯 가지 정기란 눈이 한 정기요, 귀가 둘째 정기가 되고 코가 셋째 정기며, 입이 넷째 정기가 되고, 혀가 다섯째 정기가 되며, 뜻이 여섯째 정기니라.

어머니가 잉태한 지 일곱 달이 되면 어린 아기가 어머니 뱃속에서 삼백육십 뼈마디[15]와 팔만사천 모공(毛孔)이 생기느니라. 잉태한 지 여덟 달이 되면 그 뜻과 지혜가 생기고 아홉 구멍[九竅][16]이 크나니라.

잉태한 지 아홉 달이면 아기가 어머니 뱃속에서 무엇인가를 먹게 되나니 이때 복숭아나 배나 마늘은 먹지 않고 오곡(五穀)만을 먹느니라. 어머니의 생장(生藏)[17]은 아래로 향하고, 숙장(熟藏)[18]은 위로 향하여 있는데 그 사이에 한 산이 있으니 이 산에는 세 가지 이름이 있느니라. 한 가지는 수미산(須彌山)이요, 또 한 가지는 업산(業

山)이요, 또 한 가지는 혈산(血山)이니라. 이 산이 한번 무너지면 화하여 한 줄기의 엉긴 피가 되어서 어린 아기의 입속으로 흘러들어 가느니라.

　잉태한 지 열 달만에 바야흐로 태어나나니 만약 효순한 아들이라면 주먹을 쥐어 합장하고 나와서 어머니 몸을 상하지 않게 하느니라. 그러나 만일 오역죄(五逆罪)[19]를 지은 자식이라면 어머니의 포태(胞胎)를 제치고, 손으로는 어머니의 가슴과 복장을 움켜잡고 다리로는 어머니의 엉덩이뼈를 밟아서 어머니로 하여금 마치 천 개의 칼로 배를 저으며 만 개의 칼로 가슴을 쑤시는 듯하게 하느니라. 이와 같이 어머니를 고통스럽게 하고 이 몸이 태어났는데도 그 위에 다시 열 가지의 큰 은혜가 있느니라.

제4분 낳으시고 기르신 은혜

첫째는 아기를 배어서 수호해 주신 은혜니라. 송으로 이르리라.

여러겁을 내려오며 인연이　중하여서
어머니의 태를빌어 금생에　태어날때
날이가고 달이져서 오장이　생겨나고
일곱달에 접어드니 육정이　열렸어라.
한몸이　무겁기는 산악과　한가지요
가나오나 서고안고 풍재가　겁이나며
아름다운 비단옷도 도무지　뜻없으니
단장하던 경대에는 먼지만　쌓였더라.

둘째는 해산에 임하여 고통을 받으신
은혜니라. 송으로 이르리라.

아기를　몸에품고 열달이　다차가서
어려운　해산달이 하루하루 다가오니
하루하루 오는아침 중병들은 몸과같고
하루하루 깊어가니 정신조차 아득해라.
두렵고　떨리는맘 무엇으로 형용할까
근심은　눈물되어 가슴속에 가득하니
슬픈생각 가이없어 친족들을 만날때면
이러다가 죽지않나 이것만을 걱정하네.

셋째는 자식을 낳고서 근심을 잊으신
은혜니라. 송으로 이르리라.

자비하신 어머니가 그대를　낳으신날

오장육부 그모두를 쪼개고   헤치는듯
몸이나   마음이나 모두가   끊어졌네.
짐승잡은 자리같이 피는흘러 넘쳤어도
낳은아기 씩씩하고 충실하다 말들으면
기쁘고   기쁜마음 무엇으로 비유할까.
기쁜마음 정해지자 슬픈마음 또닥치니
괴롭고   아픈것이 온몸에   사무친다.

　넷째는 입에 쓴것은 삼키고 단것이면 뱉어서 먹이시던 은혜니라. 송으로 이르리라.

중하고도 깊고깊은 부모님의 큰은혜요
사랑하고 보살피심 어느땐들 끊일손가.
단것이란 다뱉으니 잡수실게 무엇이며
쓴것만을 삼키어도 밝은얼굴 잃지않네.

사랑하심 중하시사 깊은정이 끝이없어
은혜는　 더욱깊고 슬픔또한 더하셔라
어느때나 어린아기 잘먹일것 생각하니
자비하신 어머님은 굶주림도 사양찮네.

　다섯째는 마른 자리는 아기에게 돌리시고 스스로는 젖은 자리로 나아가신 은혜니라. 송으로 이르리라.

어머니　 당신몸은 젖은자리 누우시고
아기는　 받들어서 마른자리 눕히시네.
양쪽의　 젖으로는 기갈을　 채워주고
고운옷　 소매로는 찬바람　 가려주네.
은혜로운 그마음에 어느땐들 잠드실까
아기의　 재롱으로 기쁨을　 다하시네.
오로지　 어린아기 편할것만 생각하고

자비하신 어머니는 편안할것 안구하네.

　여섯째는 젖을 먹여 기르시는 은혜니라. 송으로 이르리라.

어머님의 중한은덕 땅에다　비유할까
아버님의 높은은덕 하늘에　견줘볼까
하늘은혜 땅의은혜 이은혜를 크다하랴
아버지와 어머니의 크신은덕 그를넘네.
아기비록 눈없어도 미워할줄 모르시고
손과발이 불구라도 싫어하지 않으시네.
배가르고 피를나눠 친히낳은 자식이라
종일토록 아끼시고 사랑하심 한이없네.

　일곱째는 부정한 것을 깨끗이 씻어주신 은혜니라. 송으로 이르리라.

생각하니 그옛날의 아름답던 그얼굴과
아리따운 그몸매는 유연도   하셨어라.
두눈썹은 푸른버들 가른듯   하였었고
두뺨의   붉은빛은 연꽃보다 더했어라.
은혜가   깊을수록 옥의모습 스러졌고
부정한것 씻느라고 맑은얼굴 상했어라.
오로지   아들딸만 사랑하고 거두시다
자비하신 어머니는 얼굴모양 바뀌셨네.

　여덟째는 자식이 먼길 떠나면 염려하고
생각하신 은혜니라. 송으로 이르리라.

죽어서   헤어짐도 참아가기 어렵지만
살아서   헤어짐은 아프고   서러워라.
자식이   집을나가 먼길을   떠나가니
어머니의 모든마음 타향밖에 나가있네.

밤낮으로 그마음은 아들일을 따라가고
흐르는   눈물줄기 천줄긴가 만줄긴가
원숭이   달을보고 새끼생각 울부짖듯
염려하는 생각으로 간장이   다끓기네.

　아홉째는 자식을 위해 나쁜 일을 감히
하시는 은혜니라. 송으로 이르리라.

부모님의 은혜가   강산같이 중하거니
깊고깊은 그은덕은 실로갚기 어려워라.
자식의   괴로움은 대신받기 원하시고
자식이   고생하면 부모마음 편치않네.
자식이   머나먼길 떠난다   들을지면
잘있는가 춥잖은가 밤낮으로 걱정이고
자식들이 잠시동안 괴로운일 당할때면
어머님의 그마음은 오래두고 아프셔라.

열째는 끝없이 자식을 사랑하는 은혜니라. 송으로 이르리라.

부모님의 크신은덕 깊고도　중하여라
크신사랑 잠시라도 끊일사이 없으시니
앉으나　일어서나 그마음이 따라가고
멀든지　가깝든지 크신뜻은 함께있네.
어머니　나이높아 일백살이 되었어도
팔십살된 그아들을 어느때나 걱정하네.
이와같은 크신사랑 어느때에 끊이실까
수명이나 다하시면 그때에나 쉬실까.

제5분 불효

부처님께서 아난에게 이르셨다.
"내가 중생을 보니 비록 사람 모양은

갖추었으나 마음과 행실이 어리석고 어두워서 이토록 큰 부모의 은덕이 있는 것을 생각하지 아니하고 공경심을 내지 않으며 은혜를 저버리고 덕을 배반하며 어질고 자비한 마음이 없어서 효도하지 않고 의리가 없더라.

어머니가 아기를 가진 열 달 동안은, 일어서고 앉는 것이 편하지 아니하여 마치 무거운 짐을 진 것 같고 음식이 잘 내리지 않아 마치 큰 병든 사람과 같느니라. 달이 차서 아기를 낳을 때는 한없는 온갖 고통을 받으며 잠깐 잘못으로 죽게 될까 두려워하며 돼지나 양을 잡은 것같이 피가 흘러 바닥을 적시느니라. 이런 고통을 겪으면서도 자식을 낳으신 후에는 쓴것은 삼키시고 단것은 뱉어서 아기에게 먹이면서 품안에 안아서 기르느니라.

　더러운 것은 말끔히 씻어내고 아무리 힘들어도 싫어하지 않으시며 더운 것도 참고 추운 것도 참아 고생되는 것을 사양하지 않느니라. 마른 데는 아기를 눕히고 젖은 자리는 어머니 차지니라. 삼 년 동안 어머니의 흰 피를 먹고 자라나서 동자가 되고 점점 나이가 차가면 예절과 도의를 가르치며 장가들이고 시집보내며 벼슬도 시키고 직업도 갖게 하느니라. 수고롭게 가르치고 정성들여 기르는 일이 끝나도 부모의 은혜로운 정은 끊이지 않느니라. 자식들이 병이 나면 부모도 함께 병이 나고 자식이 병이 나으면 부모의 병도 바야흐로 낫느니라. 이렇게 양육하며 어서 어른이 되기를 바라느니라.

자식이 드디어 장성한 뒤에는 도리어 효도를 하지 않느니라. 존친들과 더불어 이야기함에도 그 응대함이 불공스럽고 심지어 눈흘기고 눈알을 부라리며 부모의 형제도 속이고 업신여기며, 형제간에 때리고 욕하며 친척들을 헐뜯고 예절과 의리가 없으며 스승의 가르침도 따르지 않고 부모의 가르침이나 분부도 따르지 않느니라. 형제간이 함께 한 말도 짐짓 지키지 않으며 출입왕래를 어른께 아뢰지 않고 말과 행실이 어긋나 스스로 교만하고 함부로 일을 처리하느니라.

　부모로서 이를 훈계하고 책망하며 백부나 숙부들이 또한 그 잘못을 타일러야 하는데도 어려서부터 어여쁘게만 생각하여 존장들이 덮어두기만 하니 그가 점점 장성하면서 거칠어지고 잘못되느니라. 잘못한 일을 고치려하지 아니하고 잘못을 일러주면 오히려 성을 내고 원망하며, 착한 여러 벗을 버리고 악한 사람을 가까이 하느니라. 이러한 습성이 거듭되어 성격을 이루게 되니 드디어 나쁜 계교를 꾸미게 되고 남의 꾀임에 빠져 타향으로 도망쳐 가기도 하느니라. 이와 같이 부모를 배반하며 집을 떠나고 고향을 등져 혹 장삿길로 나아가기도 하고 전쟁에 나가기도 하여 이럭저럭 지내다가 장가를 들게 되면 이것이 걸림이 되어 오래도록 집에 돌아오자 못하게 되느니라.

혹은 타향에서 지내는 동안 조심하지 않다가 남의 꾐에 빠져 횡액을 만나 잡힌 몸이 되어 끌려다니기도 하고 억울하게 형벌을 받기도 하며 감옥에 갇히어 목에 칼을 쓰고 발목에 쇠사슬을 차기도 하며 혹은 병을 얻어 고난을 당하거나 모진 액난에 얽혀 어렵고 고통스럽고 배고프고 고달퍼도 아무도 돌봐주는 사람이 없게도 되느니라. 또 남의 미움과 천대를 받아 길거리에 나와앉아 의지할 데 없다가 마침내 죽게 되어도 누가 그를 보살펴 줄 사람이 없고 이윽고 죽으면서 시체가 붇고 썩어서 볕에 쪼이고 바람을 맞아 백골이 아무렇게나 타향 땅에 굴러다니게 되니 친족들과 즐겁게 만난다는 것은 영영 어긋나고 마느니라.

이렇게 되면 부모의 마음은 자식을 따라 길이 근심 걱정하나니 혹은 피눈물로 울다가 눈이 어두워져 마침내 멀기도 하며 혹은 너무 슬퍼하다가 기운이 쇠진하여 병들기도 하느니라. 자식 생각에 몸이 쇠약하여 마침내 죽기도 하며 외로운 혼이 되어서도 끝내 자식 생각을 잊어버리지 못하느니라.

혹은 다시 들으니 자식이 효도와 의리를 숭상하지 아니하고 나쁜 무리들을 따라서 어울려서 추악하고 우악스러운 건달패가 되어 무익한 일을 즐겨 익히고 남과 싸우고 때리며, 또한 도둑질도 하고 마을의 풍속을 범하며 술 마시고 노름하고 여러 가지 과실을 저지르느니라. 이로 인하여 형제에까지 누가 미치고 부모에게 큰 걱정을 끼치느니라. 새벽에 집을 나가 늦게 돌아와서 부모에게 항상 근심하게 하느니라.

또 부모가 지내는 사정과 춥고 더운 것을 아는 체 아니하고 초하루와 보름에도 문안드리지 아니하며, 길이 부모를 편히 모실 것을 생각하지 않고 부모가 나이 많아 모양이 쇠약하고 파리하게 되면 남이 볼까 부끄럽다고 구박하고 괄시하느니라.

혹은 또 아버지가 홀로 되거나 어머니가 홀로 되어 혼자서 빈 방을 지키게 되면 마치 손님이 남의 집에 붙어 있는 것처럼 여겨서 평상이나 자리에 먼지와 흙이 쌓여도 한번도 씻을 때가 없으며 부모가 있는 곳에 들어가 문안하거나 보살피는 일이 없기도 하느니라. 방이 춥거나 덥거나 또는 부모가 배고파하거나 목말라하는 것을 일찍이 아는 체하지 않느니라.

이렇게 되니 부모는 밤낮으로 항상 탄

식하고 슬퍼하게 되느니라. 혹 맛있는 음식이 있으면 마땅히 부모에게 가져가서 봉양하여야 하는데도 매양 거짓으로 부끄러운 체하며, 또 다른 사람들이 웃는다 하면서도 이것을 가져다가 제 아내나 자식에게는 주나니, 이것이 추하고 못난 짓이고 괴로운 일일지라도 수고로움도 부끄러움도 피하지 않느니라. 또 아내나 첩과의 약속은 무슨 일이든지 다 좇으면서 어른의 말씀과 꾸지람은 전혀 어렵거나 두렵게 생각하지 않느니라.

혹 딸자식으로서 남의 배필이 되어가면 시집가기 전에는 모두가 효순하던 것이 시집간 이후에는 불효한 마음이 늘어가기도 하느니라. 부모가 조금만 꾸짖어도 곧 원망하면서 제 남편이 꾸짖고 때리면 참아 받으며 달게 여기느니라. 성이 다른 남편쪽의 종친에게는 정이 깊고 사랑이 두터우면서 자기의 친족들은 도리어 멀리 하느니라. 혹 '남편을 따라서 타향으로 옮겨 가게 되면 부모를 이별하고서도 도무지 사모하는 생각이 없으며 소식이 끊기고 편지도 없어서, 부모로 하여금 창자를 끌어내고 거꾸로 매달리는 듯 고통받으며 매양 딸의 얼굴을 보고 싶어 하기를 마치 목마를 때 물을 생각하듯이 잠시도 끊일 날이 없게 하느니라.

부모의 은덕은 이와 같이 한량없고 끝이 없건만 이 은덕을 배반하고 가지가지로 불효하는 허물은, 그것을 졸지에 다 말하기 어려우니라."

제6분 보은의 어려움

이때에 대중들이 부처님께서 부모의 은덕을 말씀하심을 듣고, 몸을 일으켜 땅에 던지고 스스로 부딪쳐 몸에서 모두 피를 흘리면서 쓰러졌다가 한참만에 깨어나서 큰소리로 부르짖었다.

"슬프고 슬프도다. 우리들은 큰 죄인임을 이제야 알았습니다. 이제껏 깨닫지 못하여 캄캄하기가 마치 밤에 노는 것 같더니 이제야 잘못됨을 깨닫고 보니 가슴속이 부서지는 것 같습니다.

바라옵건대 세존이시여, 저희들을 불쌍히 여기시어 구원하여 주옵소서. 어떻게 하여야 부모의 깊은 은덕을 갚을 수 있으오리까."

그때에 여래께서는 곧 여덟 가지 깊고 중한 범음(梵音)[20]으로 여러 대중에게 이르시었다.

"너희들은 마땅히 알지어다. 내가 이제 너희들을 위하여 분별 해설하리라."

가령 어떤 사람이 왼쪽 어깨에 아버지를 업고 오른쪽 어깨에 어머니를 업고서, 수미산을 백천 번을 돌아 피부가 닳아져 뼈가 드러나고 닳아서 골수가 드러나더라도 부모의 깊은 은혜는 마침내 다 갚지 못하느니라.

또 가령 어떤 사람이 흉년을 당하여 부모를 위하여 자기의 온몸뚱이 살을 도려내어 티끌같이 잘게 잘리도록 고통을 받으며 공양하기를 백천 겁(劫)[21] 동안을 계속하더라도 오히려 부모의 깊은 은혜는

다 갚지 못하느니라.

  또 가령 어떤 사람이 손에 날카로운 칼을 가지고 부모를 위하여 자기의 소중한 눈동자를 도려내어 부처님께 바치기를 백천 겁 동안 계속하더라도 오히려 부모의 깊은 은덕은 다 갚지 못하느니라.

  또 가령 어떤 사람이 부모를 위하여 역시 날카로운 칼로써 그의 심장과 간을 찔러 피가 흘러 땅을 덮어도 아프고 괴로움을 사양하지 않기를 백천 겁을 지내더라도 오히려 부모의 깊은 은혜는 다 갚지 못하느니라.

  또 가령 어떤 사람이 부모를 위하여 백천 자루의 칼로 자기 몸을 찔러 칼날이 좌우로 드나들기를 백천 겁을 계속되더라도 오히려 부모의 깊은 은혜는 다 갚지 못하느니라.

또 가령 어떤 사람이 부모를 위하여 자기 몸에 불을 붙여 등을 만들어 부처님께 공양하기를 백천 겁을 지내더라도 오히려 부모의 깊은 은혜는 다 갚지 못하느니라.

또 가령 어떤 사람이 부모를 위하여 뼈를 부숴 골수를 내며 백천 개의 칼날과 창끝으로 일시에 자기 몸을 쑤시기를 백천 겁 동안을 계속하더라도 오히려 부모의 깊은 은혜는 다 갚지 못하느니라.

또 가령 어떤 사람이 부모를 위하여 뜨거운 무쇠덩어리를 삼켜 백천 겁을 지나도록 온몸이 데어 부풀더라도 오히려 부모의 깊은 은혜는 다 갚지 못하느니라."

이때에 여러 대중들은 부처님께서 부모의 깊은 은덕을 말씀하심을 듣고 눈물을 흘리고 슬피 울면서 거듭 부처님께 말씀드렸다.

"세존이시여, 저희들은 참으로 큰 죄인임을 알았습니다. 어떻게 하여야 부모의 깊은 은혜를 다 갚을 수 있으오리까?"

부처님께서 제자들에게 이르셨다.

"부모의 은혜에 보답하려거든 부모를 위하여 이 경을 서사하고 부모를 위하여 이 경을 읽고 외우며 부모를 위하여 죄와 허물을 참회하며 부모를 위하여 삼보께 공양하며 부모를 위하여 재계(齋戒)[22]를 받아 지니며 부모를 위하여 보시(布施)[23]하여 복을 지어야 하느니라.

'자식된 사람이 밖에서 햇과일을 얻거든 집으로 가지고 와서 부모에게 올려라. 부모는 이것을 얻어 기뻐하며 스스로만

먹을 수 없어 먼저 삼보께 올려 공양하면 곧 보리심을 일으키게 되느니라.

 부모가 병이 나면 곁을 떠나지 말고 친히 간호할지니라. 주야로 삼보께 귀의하고 부모의 병이 낫기를 축원하며 잠시라도 은혜를 잊어서는 안 되느니라.

 부모가 완고하여 삼보를 받들지 아니하며 어질지 못하여 남의 물건을 상하게 하고 의롭지 못하여 남의 물건을 훔치고 예절이 없어 몸을 단정히 하지 못하고 신의가 없어 남을 속이며 지혜가 없어 술에 빠지거든 자식은 그 잘못을 말하여 깨우치게 해야 하느니라.

 그래도 깨우치지 아니하면 울고 호소하며 스스로 식음을 전폐하라. 부모가 비록 완고하다 하여도 자식이 죽는 것은 두려워하므로 은애의 정에 못이겨 바른길로 들어서게 되느니라.

 부모가 마침내 오계(五戒)를 받들어 자비를 알아 죽이지 아니하고, 옳음을 알아 훔치지 아니하며, 예절을 알아 방탕하지 아니하고, 믿음을 알아 속이지 아니하며, 지혜를 알아 술에 취하지 아니하면, 이승에서는 편안하게 살고 저승에서는 천상에 나게 되어 부처님을 뵈옵고 법문을 들어 길이 지옥의 괴로움을 면하게 되느니라.'

 만일 능히 이렇게 하면 효순하는 자손이라 할 것이요, 이렇게 하지 않으면 이는 지옥에 떨어질 사람이니라."

제7분 불효의 과보

부처님께서 아난에게 이르셨다. 불효한 자식은 몸이 허물어져 죽게 되면 무간지옥에 떨어지느니라. 이 대지옥은 길이와 넓이가 팔만 유순(由旬)[24]이나 되고, 사면에 무쇠로 된 성이 둘러 있는데 그 위에는 쇠그물로 둘러싸여 있으며 그 땅은 붉은 쇠가 깔려 있어 뜨거운 불길이 활활 타오르고, 맹렬한 불꽃은 우뢰같이 퍼져 가고 번개같이 번쩍이느니라. 여기에서 끓는 구리와 무쇠물을 죄인의 입에 부어 넣으며 무쇠로 된 뱀과 구리로 된 개가 연신 연기와 불꽃을 토하면서 죄인을 들볶고 지지고 구워서 살이 타고 기름이 끓어 그 고통은 참기 어렵고 견디기 어려우니라.
　그 위에 쇠채찍과 쇠꼬창이와 쇠망치와 쇠창과 그리고 칼과 칼날이 돌개바람같이 몰아쳐서, 비나 구름처럼 공중에서 쏟아져 내려와서 혹은 찌르고 혹은 베이느니라. 이와 같이 고통을 받기를 겁을 지내도록 끊일 사이가 없느니라. 또 이 사람들은 다시 다른 지옥으로 들어가서 머리에 불화로를 이고 쇠로 만든 수레로 사지를 찢어서 창자와 뼈와 살이 불타고 사방으로 찢어져 하루 동안에 천 번 살아나고 만 번이나 죽게 되느니라.

 이와 같은 고통을 받게 되는 것은 모두가 전생의 오역죄와 불효의 죄보 때문이니라.

제8분 은혜 갚는 길

 이때에 여러 대중들이 부처님의 부모의

은덕에 대한 말씀을 듣고 눈물을 흘리고 슬피 울면서 부처님께 사뢰었다.

"저희들이 오늘날 어떻게 하여야 부모의 깊은 은덕을 갚을 수 있사오리까."

부처님께서 제자들에게 이르셨다.

"부모의 은혜를 갚고자 하거든 부모를 위하여 경전을 다시 이룩하라. 이것이 참으로 부모의 은혜를 갚는 것이 되느니라. 경전 한 권을 만들면 한 부처님을 뵈올 수 있으며, 열 권을 만들면 열 부처님을 뵈올 수 있고, 능히 백 권을 만들면 백 부처님을 뵈올 수 있으며, 능히 천 권을 만들면 천 부처님을 뵈올 수 있고, 능히 만 권을 만들면 만 부처님을 뵈올 수 있느니라. 이 사람들은 경을 만드는 공덕으로 말미암아 여러 부처님이 항상 오셔서 옹호하시므로, 그 사람의 부모는 천상²⁵⁾에 태어나게 되어 여러 즐거움을 받으며 영원히 지옥의 고통을 여의게 되느니라."

제9분 경의 이름(유통분)

저때에 여러 대중 가운데 있던 아수라(阿修羅)²⁶⁾·가루라(加樓羅)²⁷⁾·긴나라(緊那羅)²⁸⁾·마후라가(摩睺羅伽)²⁹⁾·인비인(人非人)³⁰⁾ 등과 천(天)³¹⁾·용(龍)³²⁾·야차(夜叉)³³⁾·건달바(乾闥婆)³⁴⁾와 또 여러 작은 나라의 왕들과 전륜성왕(轉輪聖王)³⁵⁾ 등 모든 대중들이 부처님의 말씀을 듣고 각각 원을 발하여 말하였다.

"저희들은 오는 세상이 끝날 때까지 차라리 이 몸을 부수어 가는 먼지를 만들어 백천 겁을 지날지라도 맹세코 부처님의 거룩하신 가르침을 어기지 않겠습니다.

또 차라리 백천 겁 동안 혀를 백 유순 길이가 되도록 빼어내어 이것을 쇠보습으로 갈아서 피가 흘러 내를 이루더라도 맹세코 부처님의 거룩한 가르침은 어기지 않겠습니다.

또 차라리 백천 자루의 칼로써 이 몸을 좌우에서 찌르더라도 맹세코 부처님의 거룩한 가르침은 어기지 않겠습니다.

또 차라리 쇠그물로 이 몸을 얽어서 백천 겁을 지내더라도 맹세코 부처님의 거룩한 가르침은 어기지 않겠습니다.

또 차라리 작두와 방아로 이 몸을 찢고 부수어 백천만 조각이 나고, 가죽과 살과 힘줄과 뼈가 모두 가루가 되어 떨어져 나가기를 백천 겁을 지나더라도 마침내 부처님의 거룩하신 가르침은 어기지 않겠습니다."

이때에 아난이 부처님께 말씀드렸다.

"세존이시여 이 경은 이름이 무엇이오며 저희들이 어떻게 받들어 지니오리까?"

부처님께서 아난에게 이르셨다.

"이 경은 이름을 대보부모은중경(大報父母恩重經)이라 할 것이니 이 이름으로 너희들이 항상 받들어 가질지니라."

그때에 천과 사람과 아수라 등 여러 대중들이 부처님의 말씀을 듣고 모두 크게 환희하여 믿고 받아 지니며 받들어 행하면서 절하고 물러갔다.

---

1) 내가 들었다: 이것은 이 경의 편집자인 아난(阿難) 존자가 자기가 친히 보고 들은 것이 이렇다 하는 뜻을 밝힘이다.
2) 사위국: 중인도에 있던 나라이름인데 부처님께서 이곳에서 오래 머무시고 교화하셨다.

3)기수급고독원 : 줄여서 기원정사(祇園精舍)라고 한다. 기타 태자와 급고독 장자가 협력하여 지은 절로서 이곳에서 부처님은 많은 경을 설하셨다.
4)비구 : 출가한 스님인데 원래 걸사(乞士), 파번뇌(破煩惱). 포마(怖魔)의 뜻이 있다.
5)보살 : 큰믿음을 내어 진리를 배우고 이웃을 도와 성불하는 길을 닦는 수행하는 사람이다.
6)세존 : 부처님의 열 가지 존호 중의 하나이니 세간에서 가장 높은 어른이라는 뜻이다.
7)아난 : 생전 부처님 시중을 들은 제자. 부처님 경전을 편찬할 때 부처님 말씀을 외운 비구. 부처님 제자 중 다문(多聞) 제일이라고 한다.
8)여래 : 역시 부처님 존호의 하나이다. 참다운 진리에서 진리 그대로 오셨다는 뜻이다. 그래서 부처님은 이 세간에서 온갖 일에 수순하여 몸을 나투시나 기실 법성진여(法性眞如)에 조금도 흠이 없는 것이다.
9)삼계(三界) : 청정한 참마음을 어기고 욕망과 경계에 마음이 사로잡혀 그에 상응하는 세계에 태어나는 것이 중생이며 중생 세계인데 세 가지가 있다. 욕계(欲界)·색계(色界)·무색계(無色界)다. 이 삼계는 윤회(輪廻)하는 세계이니 윤회는 미혹의 세계다. 인간이나 동물은 욕계에 속하고, 선공덕을 지어 천상에 나는 사람은 욕계천이나 색계천에 태어난다. 자성을 깨달아야 윤회를 벗어나 자재하게 된다.
10)사생(四生) : 중생이 몸을 받게 되는 네 가지 형식인데, 태로 낳는 것(胎生) 알로 낳는 것(卵生) 습해서 나는 것(濕生) 화해서 나는 것(化生) 등이다.
11)상족제자 : 스승이 그의 법을 인정하는 제자이니 제자중의 뛰어난 제자를 일컫는 말이다.
12)난사 : 옛날 여인들이 몸에 지니고 다닌 향이다.
13)가람 : 고요한 곳, 지금의 절이다.
14)삼보 : 불보(佛寶)·법보(法寶)·승보(僧寶)의 세 가지 보배인데 불보는 부처님, 법보는 부처님의 가르침, 승보는 부처님 가르침대로 수행하는 스님이다. 보배라 하는 것은 아무리 써도 다함이 없고 생사가 없는 저 언덕으로 인도해주는 힘이 있기 때문이다.
15)골절 : 뼈마디. 모공은 털구멍이다.
16)구규 : 아홉 구멍이니 눈·코·귀·입·소변구멍·항문을 합하여 구규라 한다.
17)생장 : 음식을 담아 간직하고 있는 창자를 말한다.
18)숙장 : 음식이 다 소화 흡수된 나머지를 담아가지고 있는 창자다.
19)오역 : 진리에 어긋나는 다섯 가지 큰 나쁜 짓이니 ① 탑이나 절을 파괴하고

경전과 불상을 불사르며 삼보의 물건을 빼앗고 혹은 그런 짓을 남에게 시키거나 따라 기뻐하는 것. ② 성문(聲聞)·연각(緣覺)·대승(大乘)의 도를 비방하는 것. ③ 출가인이 불법수행하는 것을 방해하는 것. ④ 소승의 5역중 하나를 범하는 것. ⑤ 과보(果報)는 없다는 생각을 가지고 십악(十惡)을 행하며 내생을 두려워하지 않는 것이다. 소승의 오역이란 ① 아버지를 죽이는 것. ② 어머니를 죽이는 것. ③ 아라한을 죽이는 것. ④ 부처님 몸에서 피가 나게 하는 것. ⑤ 화합승(和合僧)을 파한 것 등이다. 오역죄를 범하면 무간지옥(無間地獄)에 떨어져서 끝없는 고통을 받게 된다.

20)범음: 맑고 깨끗한 목소리인데 부처님의 음성을 말한다. 범음에는 많은 뜻을 가지고 있지만 중생의 근기에 따라 각기 듣는다. 중생의 차별따라 제각기 자기 말로 듣는 것이다.

21)겁: 일반적으로 세계가 한 번 생겼다가 없어질 때까지의 시간을 말하는 것이니 매우 긴 시간이다. 겁의 시간을 계산해 내는 데도 여러 차별이 있다.

22)재계: 청정하게 음식을 먹고 마음을 경계하는 것을 말한다. 때 아닌 때 먹지 아니하고 과하게 먹지 않으며 산목숨 뺏은 음식을 먹지 않고 탐욕을 여의고 먹어야 한다. 재계는 몸과 마음을 삼가고 청정을 지켜 행위를 반성하여 흐트러진 마음을 경계하는 것이므로 재계라 한다.

23)보시: 음식이나 재물이나 돈을 남에게 베푸는 것을 말한다. 남에게 베푸는 것 중에 부처님 진리의 말씀을 가르쳐 주는 것을 법보시라 하는데 법보시가 최상의 보시이다. 재물이나 돈으로 도와주는 보시가 육신생명을 돕는데 비하여 법보시는 진리의 생명을 밝혀내기 때문이다. 보시는 보시하였다는 관념을 가지고 있으면 참된 보시가 못된다. 티없는 무조건의 보시여야 한다.

24)유순: 옛날 인도의 이수(里數)인데, 1유순은 4리이며 1리는 1천 8백 척이라 한다.

25)천상: 하늘나라를 말한다. 결코 상상의 세계가 아니고 실제 있다. 중생 마음의 청정함을 따라 과보를 받는 것인데 중생마음의 청정의 정도가 여러 차별이 있으므로 태어나 받게 되는 과보도 여러 차별이 있다. 천상은 대개 착하고 맑고 깊은 마음을 이룬 사람이 태어나고, 천상에도 차별이 있어 착한 마음만으로는 태어날 수 없고 청정한 도력이 있어야 날 수 있는 고급 천상도 있다. 고급 천상이라 하더라도 역시 청정 자성은 미혹한, 한 종류이므로 비록 지혜와 복락이 수승하기는 하나 중생이고 윤회를 면할 수 없다. 도를 닦아 깨쳐야 하는 것이다.

26)아수라: 불법을 옹호하는 팔부중(八部衆)의 하나로서 '아소라'라고도 한다. 인간도 천상도 아니며 싸움을 좋아하는 신의 한 분류다.

27)가루라 : 금시조(金翅鳥)인데 조류의 왕이라 하며 독수리같이 날쌔고 용맹하다. 팔부중의 하나다.
28)긴나라 : 사람 같으되 사람은 아니고 음악을 즐겨하는 천(天)의 신이다. 노래와 춤을 즐기며 그 몸은 새의 몸에 사람머리도 하고 말머리를 하는 것도 있어 일정하지가 않다. 팔부중의 하나다.
29)마후라가 : 몸은 사람과 같고 뱀의 머리를 한 음악신이라고 하는데 역시 팔부중의 하나다.
30))인비인 : 사람이라 할 수도 없고 축생이라 할 수도 없고 신이라 할 수도 없는 팔부중이 거느린 종속자들이다.
31)천 : 하늘이다. 욕계(欲界)에 6천이 있고 색계(色界)에 18천·무색계(無色界)에 4천이 있다. 이래서 천상은 모두 28천이 된다. 팔부중의 하나다.
32)용 : 불법을 수호하는 제신의 하나이다. 역시 팔부중의 하나다.
33)야차 : 위덕·용건(勇健)·첩질(倢趈)의 뜻이 있다. 큰 위세와 힘이 있어 나찰과 함께 비사문천왕의 권속이 된다. 팔부중의 하나다.
34)건달바 : 제석천(帝釋天)의 음악을 맡은 신으로 술과 고기를 먹지 않고 향기만 먹는다고 한다. 항상 부처님 설법하는데 나타나 정법을 찬탄하고 수호한다. 팔부중의 하나다.
35)전륜성왕 : 보배 수레바퀴를 굴리는 왕이라는 뜻이다. 일곱 가지 보배와 네 가지 큰덕을 갖추고 정법으로 세계를 통치하는 이상적인 군주다.

불설우란분경
佛說盂蘭盆經

이와 같이 내가 들었다. 한때 부처님께서 사위국(舍衛國) 기수급고독원(祇樹給孤獨園)에 계셨다.

그때 대목건련(大目犍連)²⁾이 처음 육신통(六神通)³⁾을 얻고나서 부모를 제도하여 낳아 키워주신 은혜에 보답코자 도안(道眼)으로 세간을 살펴보았다. 그의 어머니는 죽어서 아귀(餓鬼)⁴⁾중에 태어나 있고 음식을 먹지 못하여 피골이 상접하여 차마 볼 수 없게 되어 있었다. 목련이 슬픔을 가다듬고 발우⁵⁾에 밥을 가득 담아 그의 어머니에게 잡수시게 하였다. 그의 어머니는 발우에 밥을 받아들고서 왼손으로 밥을 가리고 오른손으로 밥을 움켜 먹었다. 그러나 밥이 입에 들어가기 전에 벌써 밥은 검은 숯이 되어 버리니 그의 어머니는 끝내 음식을 먹을 수 없었다. 목련이 이를 보고 큰소리로 통곡하며 슬피 울다가 급히 돌아와 이 사정을 자세하게 부처님께 사뢰었다.

부처님께서 목련에게 이르셨다.

"너의 어머니는 죄의 뿌리가 깊게 얽혔으니 너 한 사람의 힘으로는 어찌할 수 없느니라. 네가 비록 부모에게 효순하기로는 온 천지에 이름을 떨치나, 너뿐만 아니라 천신(天神)이나 지신(地神)이나 사마외도(邪魔外道)의 도사(道士)나 사천왕신(四天王[6]神)의 힘으로도 역시 어찌할 수 없고 다만 시방 대중 스님의 위신력이라야 비로소 구해낼 수 있느니라. 내 이제 마땅히 너를 위하여 너의 어머니를 구제하는 법을 말하여 온갖 고난에서 벗어나고 모든 죄와

업장을 소멸하게 하리라.

시방 대중 스님들은 7월 15일에 자자(自恣)[7]를 하느니라. 그때에 마땅히 칠세(七世)의 부모와 현재의 부모와 액난중에 있는 자를 위하여 온갖 음식과 과실〔百味五果〕을 모두 갖추어 큰그릇에 담고 향유로 불을 밝히고 자리를 와구로 깔지니라. 이와 같이 세간의 온갖 훌륭한 공양구를 모두 갖추어 동이〔盆〕에 담고 시방의 모든 대덕 스님과 여러 스님들을 공양하여라.

이날을 당해서는 산간에 선정(禪定)[8]에 들거나 혹은 사도과(四道果)[9]를 얻었거나, 혹은 나무밑에서 경행[10]하거나, 혹은 여섯 가지 신통이 자재하여 성문(聲聞)이나 연각(緣覺)을 교화하거나, 혹은 십지(十地)[11]에 이른 대보살이 방편으로 비구의 몸을 나투신 그 모든 거룩한 스님들이 대중 가운데에 함께 있어서, 일심이 되어 발우(鉢盂)에 담은 공양을 받게 되느니라. 청정한 계를 갖추신 성스러운 스님들의 도는 그 덕이 바다같이 넓으니라.

　이날 자자(自恣)를 하신 이들 스님들께 공양한 자는 현재의 부모와 칠세의 부모와 육종친속(六種親屬)들이 모두 삼도(三途)[12]의 고통길에서 나오게 되고, 해탈을 얻으며 의식을 저절로 갖추게 될 것이니라. 만약 다시 어떤 사람이 현재의 부모가 살아 있을 때는 부모의 복락이 백 년에 이를 것이며 만약 이미 죽었으면 칠세의 부모까지 천상에 나고 자재하게 태어나 하늘의 장엄한 광명 속에 들게 되어 한량없는 쾌락을 누리게 되느니라."

부처님께서 다시 시방의 여러 대중에게 이르셨다.

"대중들이 우란분의 공양을 받을 때에는 먼저 공양을 올린 자와 그 집과 그의 칠세 부모를 위하여 축원하여야 하느니라. 그리고 선(禪)을 행하여 정(定)에 든 연후에 음식을 받을지니라. 처음 공양을 받을 때 먼저 부처님 탑전에 올려놓고 대중이 함께 축원한 다음 음식을 받아 들도록 할지니라."

이때에 목련 비구와 이 법회에 모인 대보살들이 모두 크게 환희하였으며 목련 비구는 울음소리를 그쳤고 슬픔이 사라졌다. 이때 목련의 어머니는 그 날 일 겁 동안 받을 아귀의 고통에서 해탈하였다.

이때에 목련이 다시 부처님께 말씀드렸

다.

"세존이시여, 제자를 낳은 부모는 이제 삼보의 공덕과 대중 스님들의 위신력을 입었습니다.

만일 오는 세상에 모든 불제자가 부모를 위하여 효순하는 도를 행할 때에도 또한 마땅히 이 우란분의 법을 받들어 행하여서 현재의 부모와 내지 칠세의 선망부모를 구해내고 제도함이 옳지 않사오리까?"

부처님께서 말씀하셨다.

"참으로 좋은 물음이로다. 내가 바로 말하고자 하는 바를 네가 이제 묻는구나. 선남자여, 만일 비구·비구니·국왕·태자·왕자·대신·재상·삼공(三公)·백관이나 모든 백성들이 있어 효순의 도를 행하고자 하면 마땅히 현세에 낳아준 부모와 과거 칠세의 부모를 위하여 7월 15일인 불환희일(佛歡喜日)이며 스님들이 자자하는 날에, 온갖 음식을 갖추어 우란분에 담고 시방의 자자에 참여하신 스님들께 공양하여라. 그리고 축원을 청하여라. 그러면 문득 현재의 부모가 수명이 백 년에 이르고 병이 없을 것이며 모든 고통스러운 근심이 없어지며 내지 과거 칠세의 부모가 모두 아귀의 고통을 여의고 천상이나 인간에 태어나서 끝없는 복락을 누리리라."

부처님께서 목련에게 이르셨다.

"여러 선남자 선여인들이여, 그대들 불제자가 효순의 도를 닦는 자라면 마땅히 생각생각에 항상 부모의 은혜를 생각하라. 현생 부모와 내지 과거 칠세 부모를 위하여 해마다 7월 15일에 공양하라. 항상 효순한 마음으로 자기를 낳아 기른 부모와 내지 7세 부모를 생각하고 우란분을 지어서 부처님과 스님들께 올리도록 하라. 그리하여 부모의 낳고 기르신 자비하신 은혜에 보답하도록 하라. 일체 불자들은 마땅히 이 법을 받들어 행하여야 하느니라."

이때에 목련 비구와 사부(四部)[13] 제자들이 부처님의 말씀을 듣고 환희하여 받들어 행하였다.

---

1) **우란분**: 아귀도에 빠져 거꾸로 매달린 고통을 받고 있는 죽은 사람들을 위하여 불사를 지어서 고통을 여의게 하는 작법이다.
2) **대목건련**: 줄여서 목련이라고도 하니, 부처님 제자중 신통제일이고 효순이 제일이라고 한다.
3) **육통(六通)**: 여섯 가지 신통인데 신통이란 선정을 닦으므로 해서 얻어지는 걸림없는 초인간적 자재한 능력이다. 신족통(神足通)·천안통(天眼通)·천이통(天耳通)·타심통(他心通)·숙명통(宿命通)을 오통이라 하고 누진통(漏盡通)을 합하여 육신통이라 한다.

4)아귀 : 생전에 악한 짓을 하고 탐욕이 많은 자는 아귀중에 태어나서 항상 배고프고 목마른 고통을 받는다.
5)발우 : 스님들의 공양구를 담는 그릇이다. '발다라', 또는 '발화라'라고도 한다.
6)사천왕 : 신류를 통솔하여 지상의 불법과 정의를 지키는 천왕이다. 지국(持國)·증장(增長)·다문(多聞)·광목(廣目)이 사천왕인데 사왕천에 산다.
7)자자 : 7월 15일 여름 안거(安居) 수행을 마친 스님들이 그날 밤에 모여서 지난 수행기간 동안에 각자가 잘못한 점이 있으면 가르쳐 달라고 청하고 참회하는 의식이다.
8)선정 : 생각을 쉬고 마음을 오롯이 하여 마음에 출몰·동요가 없는 도력을 말한다.
9)사도과(四道果) : 소승(小乘)의 비구들이 닦아서 얻는 네 가지 도력인데 수다원과(須陀洹果)·사다함과(斯陀含果)·아나함과(阿那舍果)·아라한과(阿羅漢果)라고도 한다.
10)경행 : 좌선중 피로를 풀고 잠을 쫓으며 건강을 위하여 하는 수행의 일종인데 일정한 장소를 왕복하여 거닐고, 마음으로는 공부를 지어가는 것.
11)성문·연각·십지 : 성문은 부처님의 말씀을 듣고 그대로 닦는 소승의 비구들이고, 연각은 소승과의 최상을 성취하고 십이인연법을 깨친 성자이며, 십지보살은 보살수행을 완성하여 성불 직전에 이른 큰 성인이다.
12)삼도 : 지옥·아귀·축생 등 탐심이나 성냄이나 어리석음이 심한 중생이 태어나는 곳이다. 극도로 고통이 많기 때문에 삼악도라고 한다.
13)사부대중(四部大衆) : 불법을 믿는 사람 네 부류인데, 비구·비구니(여승)·우바새(남신도)·우바이(여신도)이다.

대승본생심지관경
大乘本生心地觀經
보은품 부모은중장
報恩品 父母恩重章

저때에 회중에 왕사성의 오백 인의 장자(長者)가 있었는데 자리에서 일어나 바른쪽 어깨에 옷을 벗어 메고 바른쪽 무릎을 땅에 붙이고 합장공경하면서 부처님앞에 나와 다 함께 같은 말로 부처님께 말씀드렸다.

"세존이시여, 저희들은 대승보살의 여러 가지 행을 닦는 것을 기껍게 생각하지 않사오며 가지가지 고행하는 소리를 듣는 것도 반갑지 않습니다. 왜냐하오면 모든 보살들이 닦는 바 행원[3]은 모두가 은혜를 알고 은혜를 갚는 길이 아니라고 생각하기 때문입니다."

그때에 부처님께서 오백 장자들에게 이르셨다.

"장하다. 너희들이 대승을 찬탄함을 들

고 마음에서 물러서는 생각을 내는 자를 위하여 묘한 뜻을 물어서 오는 세상에 은덕을 모르는 일체 중생들에게 안락과 이익을 주고자 하는구나. 자세히 듣거라. 그리고 잘 생각하라. 내 이제 너를 위하여 이 세간과 출세간에 은혜가 있는 것을 분별하여 해설하리라.

선남자여, 너희들이 말하는 바는 아직 바른 도리를 알지 못하였구나. 왜냐하면 세간에는 네 가지 은혜가 있느니라. 첫째는 부모의 은혜요, 둘째는 중생의 은혜요, 셋째는 국왕의 은혜요, 넷째는 삼보의 은혜니라. 이러한 네 가지 은혜는 일체 중생이 모두가 평등하게 입고 있느니라.

선남자여, 부모의 은혜라 하는 것은 아버지의 사랑하신 은혜〔慈恩〕와 어머니의 슬퍼하고 아파하신 은혜〔悲恩〕를 말함이니라.

어머니의 슬퍼하고 아파하신 은혜에 대하여는 여래가 이 세간에 일 겁 동안을 머물면서 쉬지 않고 말하더라도 능히 다 말하지 못하리라. 내가 이제 너를 위하여 그 작은 부분만 말하리라.

가령 어떤 사람이 있어 복덕을 짓기 위하여 청정한 행을 닦은 일백 대바라문(大婆羅門)[4]과 일백의 다섯 가지 신통(神通)을 성취한 여러 큰 신선들과 일백의 착한 벗들을 칠보로 장엄한 최상의 훌륭한 집에 모셔두고 백천 가지 최상의 음식과 여러 영락 구슬과 여러 보배로 장식한 의복과 전단침향으로 공양하며, 또한 여러 방사를 세우고 백 가지 보배로 장엄하며 평상과

방의 치장을 두루 갖추고, 여러 가지 병을 고치는 백 가지 탕약으로 일심 공양하기를 백천 겁 동안을 쉬지 않더라도 효순한 마음으로 비록 작은 물건이라도 가져 어머니를 공양하고 순종하고 받들어 모시기를 일념 동안 한 것만 같지 못하느니라. 앞의 공덕으로는 부모에게 효순한 공덕의 백천만 분에도 비교할 바 못되느니라.

세간의 어머니가 자식을 어여삐 보기는 비할 데 없으니 그 은혜는 자식이 형상을 이루기 이전에까지 미치느니라. 처음 아기를 가졌을 때로부터 열 달이 지나는 동안 가고 머물고 앉고 눕는 그 사이에 받는 여러 고뇌는 말로 할 수 없느니라. 비록 훌륭한 음식이나 의복을 얻게 되어도 즐거운 마음이 나지 않고 걱정하는 마음은 항상 끊일 때가 없느니라. 다만 스스로 장차 아기 낳을 것을 생각하며 점점 여러 고통을 받으면서 밤낮으로 근심하느니라.

만일 난산(難産)일 때는 백천 자루의 칼로 쉴 사이 없이 살을 에이는 거와 같으니 때로는 마침내 죽기도 하느니라. 만일 순산일 때는 여러 친척과 권속들의 기쁨과 즐거움이 한이 없느니라. 마치 가난한 여인이 여의주(如意珠)를 얻은 것과 같느니라. 아기가 소리를 지르면 마치 아름다운 음악이 울리는 듯이 들리고 아기는 어머니의 품안을 잠자리로 삼고 좌우 무릎 위를 뜰로 삼느니라. 어머니의 품안에서는 감로의 샘이 솟아나니, 어머니가 낳아 기르신 은혜는 넓은 하늘에 가득 차며 어여삐 여기신 덕은 넓고 크기를 견줄 데 없느니라. 세간의 높은 것으로는 산에 지남이 없지만 어머니의 은덕은 수미산을 지내느니라. 세간에서 무겁기로는 땅이 첫째가 되지만 어머니의 은덕은 저보다 더 하느니라.

만약 자식들이 은혜를 배반하고 그 뜻을 어기어서 부모로 하여금 원망스러운 생각을 내게 하여 어머니가 나쁜 말을 하게 되면 자식은 곧 지옥이나 아귀나 축생으로 떨어지게 되느니라. 세간에서 빠르기로는 세찬 바람을 지냄이 없지만 어머니의 원망스런 생각은 비록 극히 작은 것이더라도 그 빠르기가 저보다 더하느니라. 일체 여래와 금강천(金剛天)[5] 등과 오신통을 성취한 신선들도 악도에 빠진 이들 불효자를 능히 구호하지 못하느니라.

만일 선남자 선여인이 있어 어머니의 가르침을 의지하여 그 뜻을 이어 따르고 거슬리지 아니하면 여러 천상 사람들이 그를 두호하여 복락이 다함이 없느니라.

이와 같은 사람들은 곧 존귀한 천상이나 인간의 종류라 할 것이며 혹은 보살이 중생을 제도하기 위하여 아들 딸이 되어 부모를 섬기고 이익하게 함이니라.

만약 선남자 선여인이 어머니의 은혜를 갚기 위하여 일 겁 동안 매일 두 번씩 자신의 살을 베어 부모를 공양하더라도 그것으로는 아직 부모의 하루의 은혜를 다 갚지 못하느니라. 왜냐하면 일체 남녀는 태 안에 있을 때에 입으로 유근(乳根)을 머금고 어머니의 피를 먹었으며, 태에서 나와서 어렸을 적에 먹은 젖은 백팔십 섬이 되느니라. 어머니가 맛있는 것을 얻으면 모두 그 자식에게 주고 진귀한 의복도 또한 그러하느니라. 어리석든 못났든 사랑하는 마음에는 차별이 없느니라. 옛날에 어떤 여인이 멀리 외국에 갔다가 돌아오는 길에 아기를 안고 항하를 건넜느니라. 물살이 세고 물이 불어서 어머니 힘으로는 더 나아갈 수 없게 되었어도 자식에 대한 사랑하는 마음은 떠나지 아니하여, 마침내 모자가 함께 빠졌느니라.

이 자비한 마음의 선근(善根)의 힘으로 어머니는 곧 색구경천(色究竟天)[6]에 태어나서 대범왕(大梵王)[7]이 되었느니라.

이러한 인연으로 어머니에게는 열 가지 덕이 있느니라. 첫째는 대지(大地)니 어머니는 태 안의 자식이 의지하는 바가 되기 때문이며, 둘째는 능히 낳음[能生]이니 온갖 고통을 거쳐서 능히 아기를 낳은 까닭이며, 셋째는 능히 바름[能正]이니 항상 어머니의 손으로 자식의 오근(五根)을 보살피기 때문이며, 넷째는 양육(養育)이니 계절을 따라서 능히 잘 거두고 기르기 때문이며, 다섯째는 지혜스러운 이[智者]니 능히 방편을 써서 자식이 지혜가 나게 하기 때문이며, 여섯째는 장엄(莊嚴)이니 묘한 구슬로써 자식을 잘 꾸미기 때문이며, 일곱째는 안온(安穩)이니 어머니 품안에서 아기는 그 모두를 멈추고 편안히 쉬기 때문이며, 여덟째는 잘 가르쳐 줌[敎授]이니 온갖 훌륭한 방편으로 자식을 잘 인도하기 때문이며, 아홉째는 타이르고 경계함[敎誡]이니 좋은 말로써 나쁜 짓을 여의게

하기 때문이며, 열째는 직업을 줌[與業]이니 능히 가업을 자식에게 부촉하기 때문이니라.

　선남자여, 모든 세간에서 어떤 사람을 가장 부자라고 할 것이며 어떤 사람을 가장 가난하다 할 것인가? 자비하신 어머니가 집에 살아계신 그 사람을 부자라 할 것이요, 자비하신 어머니가 돌아가셔 안 계시는 것을 가난하다 하는 것이며, 어머니가 계실 때는 해가 밝은 날이요, 어머니가 죽고나면 해가 저문 날이며, 어머니가 있을 때는 달 밝은 날이고 어머니가 죽었을 때를 어두운 밤중이라고 하는 것이니라. 이 까닭에 너희들은 부지런히 힘써 부모에게 효도하고 공양할 것을 닦고 익혀야 하니 그 복은 부처님께 공양함과 조금도 다름이 없느니라. 너희들은 마땅히 이와 같이 부모의 은덕을 갚아야 하느니라.

저때에 왕사성에서 동북방으로 팔십 유순(由旬)되는 곳에 한 작은 나라가 있었으니 나라 이름을 증장복(增長福)이라 하였다. 그 나라에 한 장자가 있었는데 이름이 지광(智光)이었다. 그의 나이가 많아서 몸이 쇠약해 갔는데 아들이라곤 다만 하나가 있을 뿐이었다. 그의 아들은 성질이 나빠서 부모의 분부를 잘 따르지 않았다. 가르치는 것은 거의 듣지 않았다.

석가모니 부처님께서 왕사성 기사굴산(耆闍崛山)에 계시면서 탁하고 거칠은 세간의 많은 중생들을 위하여 대승도(大乘道)에 있어 은혜 갚는 법을 말씀하신다는 소문을 들었다. 그래서 그의 부부와 아들과 여러 권속들이 함께 청법하기 위하여 많은 공양구를 가지고 부처님 처소에 나와서 공양하고 공경하고 나서 부처님께 말씀드렸다.

"세존이시여, 저에게는 한 아들이 있사옵니다. 그의 성질이 거칠고 못나서 부모의 말은 도무지 잘 듣지 않습니다. 이제 듣자오니 부처님께서 네 가지 은혜를 말씀하신다 하오므로 법문을 듣고자 찾아와 뵈옵니다.

바라옵건대 세존이시여, 저희들 무리들과 여러 권속들을 위하여 네 가지 은혜의 깊고 깊은 묘한 뜻을 말씀하여 주시어 저의 못난 자식으로 하여금 효순심이 나고 이생에서 안락을 얻도록 하여 주옵소서."

부처님께서 지광 장자에게 이르셨다.

"옳다, 잘했다. 네가 법을 위하는 까닭에 나의 처소에 와서 공양하고 공경하며 이 법을 달게 듣고자 하는구나. 너희들은 잘 들어라. 그리고 잘 생각하여라.

세간의　　범부들은　지혜의　　눈이없어
은혜를　　모르므로　묘한과보　잃고마네.
오탁으로　악한세상　여러가지　중생들이
깊은은덕　못깨닫고　큰은덕을　배반하네.
내이제　　사중은을　널리열어　보이고서
바른지견　듣게하고　보리도로　가게하리.

자비하신　부모님이　키워주신　은덕으로
온세상　　자식된이　모두가　　안락하네.
아버지의　사랑은혜　산보다　　더높고
어머니의　슬픈은덕　바다보다　더깊으니

만약내가　이세상에　일겁동안　머물면서
부모은혜　말하여도　그모두는　말못하네.
내이제　　그소분을　간략하게　말해보나
모기들이　바닷물을　마시는데　비교되네.
어떤사람　복을짓고　덕을닦기　위하여서
청정하온　여러행을　두루닦은　바라문과
다섯가지　신통으로　자재이룬　신선들과
대지혜를　성취하신　스승님과　착한벗을
칠보로　　장엄한　　으뜸가는　큰궁전에
우두향과　전단으로　꾸민방에　모셔두고
일만가지　병고치는　진귀하온　온갖약을
금그릇　　은그릇에　가득가득　넘게하여
이와같이　하루세번　빠짐없이　공양하길
일겁십겁　부모님을　공양하고　모시기를
크신은덕　받는공덕　그소분도　못미치니
부모님을　섬긴복덕　끝이없고　한없어서

산수로나 비유로나 모두다   못미치네.

세간에서 어머니는 그아들을 갖게되자
열달동안 몸에품고 긴고통을 받았으니
다섯가지 욕락에도 도무지   뜻이없고
여러가지 음식들도 또한그와 같았어라.
낮이되나 밤이되나 어느때나 걱정이고
행주좌와 온갖곳에 모두가   고통일세.
그러다가 날이차서 아기를   낳을때면
칼날과   창끝으로 사지를   해침같고
정신이   아득하여 동서남북 못가리며
온몸이   아픈것을 견뎌낼길 가이없네.
이러다가 잘못되어 목숨또한 잃게되니
육친권속 친족들이 모두다   슬퍼하네.
자식으로 받게되는 이와같은 큰고통은
세상에   있는말론 형언할길 가이없네.

만약에 안락하게 그몸을 회복하면
가난한이 보배얻은 기쁨보다 더즐겁고
듸다보는 아기얼굴 종일봐도 싫지않네.
어여쁘게 생각하심 잠시라도 안멈추니
모자의 은정이란 어느때나 이와같네.
어머니 출입에도 품안을 여의잖고
어머니의 양쪽젖은 감로의 샘이로다.
자라날때 어느때에 목마를때 있었던가
사랑하신 그은덕은 비교하기 어려워라.
살피시고 키우신덕 헤아리기 어렵나니
세간에서 하늘땅을 중하다고 이르지만
어머니의 중한은덕 저보다도 지나가며
세간에서 수미산을 가장높다 이르지만
어머니의 높은은덕 수미산을 넘어서네.

세간에서 빠르기란 거센바람 으뜸이나

한생각 동한마음 저보다 지나가네.
만약에 어떤중생 부모에게 불효하여
어머니가 잠시라도 한탄하는 맘을내고
원망하는 그말씀을 조금만큼 내더라도
자식은 말씀따라 재난을 맞게되리.
일체의 부처님과 천상의 금강신과
신선의 비법으로 불효고는 못구하네.

자식들이 부모님의 가르침을 의지하고
그뜻을 순히따라 안색이 평온하면
이천지 모든재난 모두가 소멸하며
제천들이 옹호하여 어느때나 안락하리.
만약능히 부모님께 뜻을받아 효도하면
이와같은 남녀들은 범부들이 아니로세.
대비갖춘 보살들이 인간으로 화현하여
부모은덕 보답하는 효도모범 보임이라.

만약에　　선남자와　선여인이　예있어서
부모은덕　보답하려　효도봉양　하올적에
살을베고　피를내어　어느때나　공양하길
하루한시　빼지않고　한겁동안　끊이잖고
가지가지　효도봉양　두루두루　닦더라도
어머니의　잠시은덕　그것조차　못갚아라.

열달동안　어머님의　태안에　　있으면서
어머님의　젖뿌리를　항상물고　피삼키고
아기에서　자라나서　동자까지　되는동안
그가마신　젖의양은　백섬이　　더되어라.
음식이나　탕약이나　진귀한　　의복들은
자식이　　먼저하고　어머니는　나중일세.
자식만약　어리석어　사람에게　미움사도
어머님의　사랑하심　어느때나　변함없네.

옛날옛적 어떤나라 아기안은 어머니가
항하[8]물을 건너는데 물살세게 흘러들고
물은점점 불어나고 힘지쳐서 못가다가
자식안고 물잠겨도 마침내   안놓았네.
이와같이 자비스런 선근의   공덕으로
죽은뒤에 대범천에 지체없이 태어나서
길이길이 대범천의 삼매[9]묘락 누리다가
부처님을 뵈옵고서 보리기를 받았더라.

어머니의 공덕이름 대지이며 능생이며
셋째는   능정이고 넷째에는 양육이며
다섯째는 지자이고 여섯째는 장엄이며
일곱째는 안온이고 여덟째는 교수이며
아홉째는 교계이고 열째는   여업이라.
이와같은 큰은덕을 무엇으로 당할손가.

세간에서 어떤법이 제일가는 부자런가
세간에서 어떤법이 제일궁한 가난인가
어머니가 집에계심 제일가는 부자이고
어머니가 안계심이 가장궁한 가난이라.
어머니가 생존일때 해가밝은 날이되고
어머니가 안계실때 해가저문 날이어라.
어머니가 계실때는 무엇이든 원망하고
어머니가 돌아가니 온세상이 공허해라.

모든세간 일체의 선남자여 선여인이여
부모님의 크신은덕 산같음을 알지로다.
어느때나 효순공경 마음깊이 새겨두고
은혜알아 갚는것이 이것이 성도일세.
신명을 아끼잖고 높은뜻을 받들고서
한생각 동안인들 피로한맘 어이내리.
어쩌다가 예고없이 부모님이 떠나시면

높은은덕 갚자해도 온갖정성 못미치네.

여래또한 수행할때 어머님께 효도하여
그공덕에 좋은상호 금색신을 얻었더라.
명성이   널리떨쳐 시방세계 두루하고
천상이나 인간이나 모두가   계수하며
사람들과 비인까지 모두가   공경함은
저옛날에 부모은덕 보답했던 인연이며
삼십삼천[10] 도리천궁 내가친히 올라가서
석달동안 어머님께 참된법을 설하고서
어머니가 마음열려 바른도에 들게하여
무생법인 깨닫고서 영원토록 주케하니
이같음은 그모두가 부모은덕 갚음이나
깊은은덕 다갚기엔 아직도   부족하네.

나의제자 천이백중 신통제일 목건련이

삼계의　　모든번뇌　모두끊어　해탈한뒤
걸림없는　신통으로　그어머니　살펴보니
아귀도[11]에 깊이빠져　심한고통　받고있어
목건련이　그어머니　깊은은덕　보답코자
힘기울여　고난중의　어머니를　구해내서
욕계중의　복락제일　타화천에　나게하여
천궁의　　즐거움을　누리도록　하였더라.

마땅히　　알지로다　부모은덕　가장깊네.
제불보살　모든성현　크신은덕　보답코자
어떤사람　지성으로　부처님께　공양함과
부지런히　정성드려　부모님께　효도함에
두사람이　지은복에　도무지　　차이없어
삼세동안　복받아도　그과보는　다함없네.
세상사람　자식위해　여러죄를　다짓고서
삼악도에　떨어져서　길이고생　하건마는

자식들은 성인못돼 신통력을 못갖추니
윤회[12]함을 보지못해 깊은은덕 못갚네라.
애닯도다 세상사람 성스러운 도력없어
고통속의 어머니를 건져내지 못하누나.

이까닭에 그대들은 마땅히 알지로다.
여러공덕 힘써닦아 큰복리를 일으키라.
지옥에난 부모위해 자식들이 복지으면
금빛광명 찬란하게 지옥속에 비쳐들고
광명중에 심히깊은 미묘법문 연설하여
부모마음 열어주어 보리심을 내게하네.
지난생에 어느때나 죄지은것 생각하고
한생각 뉘우치니 모든죄가 소멸하네.
나무불 나무법 나무승을 외고나니
여러가지 얽힌고생 훤출하게 벗어났네.
인간이나 천상에서 온갖복락 누리다가

부처님법 친히듣고 오는세상 성불하네.

어떤사람 시방정토 불국토에 나게하여
칠보로된 연꽃위에 부모들을 앉게하니
꽃이피자 세존뵙고 무생법을 깨달아서
불퇴지위 보살들을 도배우는 벗을삼고
여섯가지 대신통의 걸림없는 힘얻어서
보리도의 미묘하온 대궁전에 들어가네.
이와같이 효도함은 보살들이 자녀되어
효도세울 원력으로 인간계에 나옴이라.
이것이 부모은혜 참으로 갚음이니
너희들 중생들은 모두힘써 잘배우라.

---

1)대승본생심지관경: 줄여서 「심지관경」이라고 한다. 이 경은 종래 네 가지 은혜를 설한 경전으로 널리 알려지고 있다. 사실 이 경 보은품에는 네 가지 은혜에 대하여 조직적이며 상세하게 설명되어 있는데 이 점에 있어서는 다른 경에서 유래를 볼 수 없다. 그러나 이 경이 단순한 사은도덕만 말하고 있는 것이 아니다. 깊은 대승의 진리를 포함하고 있다. 반야의 공(空)사상을 기초하여 일심이 만 가지 법을 나타내는 도리를

밝히며 나아가 법성진리의 영원하고 즐겁고 아(我)이고 청정함을 말하고 있다. 그 뿐만 아니라 수행생활하는데 있어 대승적 출가주의를 주장하고 있는데 대승불교를 종합적으로 조직화하고 있는 중요한 경전이다. 보은품은 제2권과 3권으로 나뉘어 있고 2권에서는 네 가지 은혜를 상세하고 또한 깊이 있게 설명하고 3권에서는 사은(四恩)에 대한 중송(重頌)형식으로 되어 있다.
2)부모은중장 : 심지관경보은품은 원래 상하 양 권이며 거기에는 부모의 은혜, 중생의 은혜, 국왕의 은혜, 삼보의 은혜 등 사은을 상세하게 말씀하고 있다. 여기서는 그 가운데서 부모의 은혜에 관한 부분만 모아서 부모은중장이라 하였다.
3)행원 : 보살이 세운 원을 이루기 위하여 닦는 행이다. 보살행원의 대표적인 것이 보현행원이다.
4)바라문 : 고대 인도사회의 네 가지 계급 중 제 일 계급이다. 바라문은 학문과 종교를 맡은 계급이다.
5)금강천 : 천상의 선신으로 불법을 옹호하는 성중이다.
6)색구경천 : 삼매의 힘을 이룬 중생이 태어나는 고급천을 색계천이라 하는데 색계천에는 초선천이 삼천(天), 이선천이 삼천, 삼선천이 삼천, 사선천이 구천이 있는데 색구경천은 그중에 제 사선천의 맨 위 하늘이다.
7)대범왕 : 대범천왕을 줄인 말인데 색계초선천 중에 있으면서 사바세계를 관장하고 있는 천왕이다.
8)항하 : 인도 히말라야에서 벵갈 만으로 흐르는 간지스 강이다.
9)삼매 : 마음을 한 곳에 두고 흩어지지 않으며 다른 생각이 나지 않는 마음상태이다. 이 공부는 마음이 들떠서 잡념이 일거나 가라앉아서 혼침하지 않으며 평등한 본심 위에 편안히 머무르는 상태를 말한다. 참선·염불·수식관 등 수행에서 자연히 얻어진다. 높은 천상에 태어나고 지혜를 얻으며 법의 힘을 얻는 방편이 된다.
10)삼십삼천 : 도리천의 별명이다. 욕계의 여섯 하늘 중 제 이천이다. 도리천은 중앙의 제석천왕이 있는 선견성(善見城)이 있고 사방에는 여덟의 성이 있으므로 중앙 선견성을 합하여 삼십삼이 된다. 이 천상에는 오계를 가지고 십선을 닦아야 태어난다.
11)아귀 : 간탐심과 질투심을 많이 가진 중생이 태어나는 고통받는 세계의 중생이다.
12)윤회 : 범부는 자기의 참 성품을 등지므로 참 성품을 잃고 밖으로 허

둥댄다. 이와 같이 참된 자기를 상실한 정신상황에 있는 중생들은 자기를 미혹하고 있는 상태에 따른 세계를 계속 받아가며 살아간다. 이것이 윤회다.

육도: 미혹한 범부들이 받게되는 윤회의 세계를 여섯으로 나눈 것인데 천상·인간·아수라·축생·아귀·지옥 등이다.

보리도: 자기의 참 성품을 깨친 것을 보리(菩提)를 이루었다고 하고 깨친 진리를 보리도라고 한다.

육바라밀: 수행하는 사람이 참 성품을 본따서 하는 행위인데, 아낌없이 베풀어주는 것〔布施〕, 계를 지키는 것〔持戒〕, 욕된 것을 참아 견디는 것〔忍辱〕, 부지런한 것〔精進〕, 마음의 동요가 없는 것〔禪定〕, 본성의 지혜〔般若〕 등이다.

두 가지 생사인: 보리도를 닦아가는데 장애가 되는 근본 두 가지가 있는데 이것을 끊지 못하면 미혹을 벗어나지 못하므로 생도 있고 사도 있는 중생을 면하지 못한다. 두 가지 장애란 도를 닦아 깨달았다 하더라도 마음에 깨달아 얻는 것이 있는 이치의 장애〔理障〕와, 세간의 탐욕과 애착 생활을 계속하는 사실적 장애〔事障〕를 말한다.

숙명통: 중생의 현재 일의 과거 원인과 또 과거와 현재가 원인이 되어 장차 맞게 되는 미래상황을 밝게 통달하는 지혜를 말한다. 삼매를 닦아서 얻게 된다.

열반: 모든 번뇌가 다 없어진 맑고 밝은 참 자성의 경지인데 모든 성인은 이 도리를 깨달아 성인이 되고 지혜를 이룬다. 제불 보살이 증득한 것이 이것이며 일체 중생들이 필경 깨달아 돌아갈 곳이 이것이다.

보부모은진언(報父母恩眞言)

나모 삼만다 몯다남 옴 아아나 사바하

(부모의 은혜에 보답하는 진언이다. 진언은 진리대로의 말씀이며 진리를 실현하는 신비한 말이다. 번역하지를 않는다.)

왕생진언(往生眞言)

나모 삼만다 몯다남 옴 신데율이 사바하

(극락세계에 태어나는 진언이다.)

묘법연화경
妙法蓮華經
관세음보살보문품
觀世音菩薩普門品

그때에 무진의보살이 자리에서 일어나 바른쪽 어깨에 옷을 벗어 메고 바른쪽 무릎을 땅에 꿇으며 부처님을 향하여 합장하고 부처님께 말씀드렸다.

"세존이시여, 관세음보살은 어떠한 인연으로 이름을 관세음이라 하나이까?"

부처님께서 무진의보살에게 말씀하셨다.

"선남자여, 만약 무량백천만억 중생들이 여러 가지 고뇌를 당할 때에 관세음보살의 명호를 듣고 일심으로 그 명호를 일컬으면 관세음보살이 곧 그 음성을 관하고 모두 고뇌에서 해탈케 하느니라. 선남자여, 만약 관세음보살의 명호를 받드는 자는 설사 큰불속에 들어가는 일이 있더라도 불이 그를 태우지 못하나니 이는 이 관세음보살의 위신력 때문이니라. 혹은 큰 물에 떠내려가게 되더라도 그 명호를 일컬으면 곧 얕은 곳에 이르게 될 것이며 또 혹은 백천만억 중생이 금·은·유리(琉璃)·자거(硨磲)·마노(瑪瑙)·산호(珊瑚)·호박(琥珀)·진주(眞珠) 등 보배를 구하고자 큰바다에 들어갔을 때 가령 폭풍이 불어 그들이 탄 배가 나찰들의 나라로 표착했더라도 그중에 혹 한 사람이라도 관세음보살의 명호를 일컫는 자가 있으면 이 사람들은 다 나찰의 난으로부터 벗어나게 되나니 이런 인연으로 이름을 관세음이라 하느니라.

또 어떤 사람이 만일 흉기로 해를 입게 되었을 때 관세음보살의 명호를 일컬으면 저들이 잡은 흉기는 곧 조각조각으로 부서져 위험에서 벗어날 수 있으리라.

혹은 삼천대천세계에 가득찬 야차·나찰 등 악귀들이 사람을 괴롭히려 하더라도 관세음보살의 명호를 일컫는 것을 들으면 그 모든 악귀들이 능히 악한 눈으로 보지 못하거늘 하물며 어찌 해칠 수 있으랴.

또 어떤 사람이 설사 죄가 있거나 없거나, 큰칼을 씌우고 고랑에 채워지고 몸이 사슬에 묶였더라도 관세음보살의 명호를 일컬으면 이것들이 모두 다 부서져 곧 벗어나게 되느니라. 만약 삼천대천국토에 흉기를 가진 원수와 도적들이 가득찼는데 그중에 한 상인의 우두머리가 많은 상인들을 이끌고 귀중한 보물을 가지고 험한 길을 지나갈 때 그중에 한 사람이 말하기를 '여러분이여, 그대들은 두려워하지 말고 마땅히 일심으로 관세음보살의 명호를 일컬으라. 이 보살이 능히 중생들에게 두려움이 없게 해주리니 그대들이 만약 그 명호를 일컬으면 이 도적들의 난을 벗어나리라' 하자 여러 상인들이 이 말을 듣고 모두 일제히 소리를 내어 '나무관세음보살' 하고 그 이름을 일컬음으로써 곧 벗어나게 되느니라.

무진의여, 관세음보살마하살의 위신력이 거룩하기 이와 같느니라.

만약에 중생이 음욕이 많더라도 항상 관세음보살을 염하고 공경하면 곧 음욕을 여의게 되며, 만약에 미워하고 성내는 마음이 많더라도 항상 관세음보살을 염하고 공경하면 곧 성내는 마음을 여의게 되며 또 어리석음이 많더라도 항상 관세음보살을 염하고 공경하면 곧 어리석음을 여의느니라.

무진의여, 관세음보살이 이와 같은 큰 위신력이 있어 이롭게 하는 바가 많으니 그러므로 중생이 마땅히 항상 마음에 염하여야 하느니라. 만약 어떤 여인이 남아 낳기를 원하여 관세음보살을 예배공양하면 곧 복덕과 지혜를 지닌 남아를 낳을 것이며 여아 낳기를 원하면 곧 단정하고 상호를 갖춘 여아를 낳으리니 그는 숙세에 복덕을 심었으므로 모든 사람의 사랑과 존경을 받으리라. 무진의여, 관세음보살이 이와 같은 힘을 가지고 있느니라.

만약에 중생이 관세음보살을 공경하고 예배하면 그 복이 헛되지 않으리니 그러므로 중생이 모두 마땅히 관세음보살의 명호를 받들어 지녀야 하느니라.

무진의여, 만약 어떤 사람이 육십이억 항하사 보살의 명호를 받들고 또 목숨이 다하도록 음식과 의복·침구·의약으로 공양하면 너는 어떻게 생각하느냐? 이 선남자 선여인이 얻을 바 공덕이 얼마나 많겠느냐?"

무진의가 말씀드렸다.

"심히 많겠나이다. 세존이시여."

부처님께서 말씀하셨다.

"만약 어떤 사람이 관세음보살의 명호를 받아지니고 한 때라도 예배하고 공경하면 이 두 사람의 복이 꼭 같고 다름이 없어서 저 백천만억 겁에 이르도록 다함이 없으리라. 무진의여, 관세음보살의 명호를 받들어 지니면 이와 같이 무량무변한 복덕을 얻느니라."

무진의보살이 부처님께 말씀드렸다.

"세존이시여, 관세음보살이 어떻게 이 사바세계에서 노니시며 어떻게 중생을 위하여 설법하시며 방편력은 또한 어떠하나이까?"

부처님께서 무진의보살에게 이르셨다.

"선남자여, 어떤 국토의 중생중에 마땅히 부처의 몸으로써 제도할 자는 관세음보살이 곧 부처의 몸을 나투어 설법하며, 마땅히 벽지불의 몸으로 제도할 자는 곧 벽지불의 몸을 나투어 설법하며, 마땅히 성문의 몸으로써 제도할 자는 곧 성문의 몸을 나투어 설법하며, 마땅히 범왕(梵王)의 몸으로써 제도할 자는 곧 범왕의 몸을 나투어 설법하며, 마땅히 제석(帝釋)의 몸으로써 제도할 자는 곧 제석의 몸을 나투어 설법하며, 마땅히 자재천(自在天)의 몸으로써 제도할 자는 곧 자재천의 몸을 나투어 설법하며, 마땅히 대자재천의 몸으로써 제도할 자는 곧 대자재천의 몸을 나투어 설법하며, 마땅히 천대장군(天大將軍)의 몸으로써 제도할 자는 곧 천대장군의 몸을 나투어 설법하며, 마땅히 비사문(毘沙門)의 몸으로써 제도할 자는 곧 비사문의 몸을 나투어 설법하며, 마땅히 소왕(小王)의 몸으로써 제도할 자는 곧 소왕의 몸을 나투어 설법하며, 마땅히 장자의 몸으로써 제도할 자는 장자의 몸을 나투어 설법하며, 마땅히 거사의 몸으로써 제도할 자는 곧 거사의 몸을 나투어 설법하며, 마땅히 재관(宰官)의 몸으로써 제도할 자는 곧 재관의 몸을 나투어 설법하며, 마땅히 바라문의 몸으로써 제도할 자는 곧 바라문의 몸을 나투어 설법하며, 마땅히 비구·비구니·우바새·우바이의 몸으로써 제도할 자는 곧 비구·비구니·우바새·우바이의 몸을 나투어 설법하며 마땅히 장자·거사·재관·바라문의 부녀의 몸으로써 제도할 자는 곧 부녀의 몸을 나투어 설법하며 마땅히 동남(童男) 동녀(童女)의 몸으로써 제도할 자는 곧 동남·동녀의 몸을 나투어 설법하며, 마땅히 천(天)·용(龍)·야차(夜叉)·건달바(乾闥婆)·아수라(阿修羅)·가루라(迦樓羅)·긴나라(緊那羅)·마후라가·인비인(人非人) 등의 몸으로 제도할 자는 곧 이들 모두의 몸을 나투어 설법하며, 마땅히 집금강신(執金剛

神)의 몸으로써 제도할 자는 곧 집금강신을 나투어 설법하느니라.

　무진의여, 관세음보살이 이와 같은 공덕을 성취하여 여러 가지 형상으로 여러 국토에 노니시며 중생을 제도하고 해탈케 하느니라. 그러므로 그대들은 마땅히 일심으로 관세음보살을 공양하여야 하나니 이 관세음보살마하살이 두려움과 급한 환난 중에서 능히 두려움을 없게 해주시는 까닭에 사바세계에서는 모두 관세음보살을 일컬어 두려움 없음을 베푸시는 성자라고 부르느니라."

　무진의보살이 부처님께 말씀드렸다.

　"세존이시여, 제가 이제 관세음보살을 공경하겠나이다"하고 목에 걸었던 백천량 금 값어치가 되는 온갖 보주(寶珠)와 영락

(瓔珞)을 끌러 바치면서 사뢰었다.

"어지신 이여, 이 진보영락의 법시(法施)를 받으소서."

그때에 관세음보살이 이를 받으려 하지 않으니 무진의는 다시 관세음보살께 사뢰었다.

"어지신 이여, 저희들을 불쌍히 여기시어 이 영락을 받으소서."

그때에 부처님께서 관세음보살에게 이르셨다.

"이제 이 무진의보살과 사부대중과 천·용·야차·건달바·아수라·가루라·긴나라·마후라가·인비인들을 불쌍히 여겨 그 영락을 받으라."

이에 관세음보살은 사부대중과 천·용·인비인들을 불쌍히 여기사 곧 그 영락을 받아서 두 몫으로 나누어 한 몫은 석가모니불께 바치고 한 몫은 다보불탑에 바쳤다. 부처님께서 말씀하셨다.

"무진의여, 관세음보살이 이와 같은 자재한 실력을 가지고 사바세계를 노니시느니라."

그때 무진의보살이 게송으로 물었다.

묘상이　구족하신 세존이시여,
제가이제 다시금　묻사옵나니
불자를　어떠하온 인연으로써
관세음　보살이라 하시나이까.

묘상이 구족하신 부처님께서 무진의보살에게 대답하셨다.

너는이제 들으라　관음의행이
처처에서 알맞게　응해주심을

넓고깊은 서원은　바다와같아
헤아릴수 없는겁을 지내오면서
천만억　부처님을 모시는동안
청정하온 큰원을　세웠더니라.

내이제　너를위해 설해주리니
명호라도 듣거나　친견하거나
마음으로 섬기고　지성다하면
이세상　모든고통 벗어나리라.

가령　　어떤이가 해침을받아
불구덩에 떠밀려　떨어진대도
관세음의 위신력을 염한다면

불구덩이 변하여　　못이되리라.

어쩌다　　바다에서 풍파에밀려
용과고기 귀신들의 난을만나도
관세음의 위신력을 염한다면
험한물결 속에서도 무사하리라.

높고높은 수미산　　봉우리에서
사람에게 떠밀려　　떨어진대도
관세음의 위신력을 염한다면
해와같이 허공에　　머물게되리.
어쩌다가 악인에게 쫓기게되어
금강산　　험한골짝 떨어진대도
관세음의 위신력을 염한다면
터럭끝　　하나라도 상치않으리.

원수나   도적들이 둘러싸고서
제각기   칼을들고 해치려해도
관세음의 위신력을 염한다면
원적들이 모두가   자비심내리.

나라법에 걸려서   고통받거나
형벌을   당하여   죽게되어도
관세음의 위신력을 염한다면
흉기가   조각조각 부서지리라.

큰칼쓰고 깊은옥에 갇혔더라도
손과발에 고랑차고 묶였더라도
관세음의 위신력을 염한다면
어김없이 시원스레 풀려나리라.

어떤사람 이몸을   해코저하여

주술이나 가지가지 독약을써도
관세음의 위신력을 염한다면
해독이   본인에게 되돌아가리.

어쩌다   악한나찰 만난다거나
독한용과 아귀떼에 둘러싸여도
관세음의 위신력을 염한다면
언제라도 저들이   해치못하리.

사나운   맹수들에 에워싸여서
날카로운 이와발톱 소름끼쳐도
관세음의 위신력을 염한다면
먼곳으로 뿔뿔이   달아나리라.

살모사와 독사와   쏘는독충이
불꽃같은 독기를   뿜을지라도

관세음의 위신력을 염한다면
소리따라 스스로   흩어지리라.

먹구름에 천둥일고 번개를치며
우박이   쏟아지고 큰비퍼봐도
관세음의 위신력을 염한다면
즉시에   구름걷고 활짝개이리.

중생들이 가지가지 곤액당하여
한량없는 고통이   핍박하여도
관세음의 신묘한   지혜의힘이
이세상   온갖고통 건져주리라.

가지가지 신통의힘 구족하시며
지혜의   온갖방편 널리닦으사
시방세계 넓고넓은 모든국토에

거룩하신 그몸을   두루나투네.

가지가지 나쁜곳의 여러중생들
지옥아귀 축생에   이르기까지
나고늙고 병들고   죽는고통을
차츰차츰 모조리   없애주느니.

(무진의는 환희하고 만족하고서 이와 같이 게송을 읊었더니라)

진실한   관이시며 청정관이며
넓고넓은 큰지혜의 관이시오며
비관이며 다시또한 자관이시니
저희들이 어느때나 우러릅니다.

티없이   거룩하온 청정한광명

지혜의해 모든어둠 부셔주시며
능히모든 재앙을　 흩어버리고
모든세간 남김없이 밝혀주시네

자비하신 몸의행은 우뢰와같고
자애로운 거룩한뜻 큰구름이라
감로의　 법의비를 뿌려주시어
활활타는 번뇌의불 꺼버리시네.

송사하여 관청에　 이를때에나
두려울사 목숨건　 전쟁터라도
관세음의 위신력을 염한다면
모든원수 모든원망 다사라지니.

생각할수 없사온　 묘음관세음
하늘땅에 가득하온 범음해조음

세간음성 그모두에 뛰어나시니
이까닭에 어느때나 염하옵니다.

염할지라 염할지라 의심말지라.
거룩하신 그성인　관음보살은
고통과　번뇌와　죽을액난에
중생들이 의지하고 믿을바로다.

일체의　모든공덕 구족하시고
자비하신 눈으로　중생살피고
지니신복 바다같이 그지없으니
마땅히　지성다해 경배할지라.

　그때에 지지보살이 자리에서 일어나 부처님 앞에 나아가 말씀드렸다.
　"세존이시여, 만약 어떤 중생이 이 관세

음보살품의 자재한 업과 보문(普門)으로 나투시는 신통력을 듣는다면 마땅히 이 사람의 공덕이 적지 않을 줄로 아나이다."

 부처님께서 이 보문품을 설하실 때에 회중의 팔만사천 중생이 모두 무등등(無等等) 아뇩다라삼먁삼보리심을 발하니라.

제2반야보살행원기도

왕생정토기원

발원문 (제2 반야보살 행원기도)

위 없는 진리로서 영원하시고 법성광명으로 자재하옵신 본사세존이시여, 저희들의 지성 섭수하시고, 자비 거울로 간곡히 살펴 주옵소서.

대자비 세존께서는 온 중생 하나하나 잠시도 버리지 않으시고 영원한 진리광명으로 성숙시키시건만, 미혹한 범부들이 크신 광명 등지고 스스로 미혹의 구름을 지어 끝없는 방황을 계속하여 왔사옵니다.

장애와 고난과 죽음이 따랐고, 불행과 눈물과 죄악의 업도를 이루었사옵니다. 그러하오나 부처님의 지극하신 자비 위신력은 저희들을 살피시고 감싸시어 저희들에게 믿음의 눈을 열게 하셨사옵니다.

저희들의 본성이 어둠과 죄악이 아니고 광명과 지혜이오며, 불안과 장애가 아니고 행복과 자재이오며, 무능과 부덕이 아니라 일체성취의 원만공덕이 충만함을 깨닫게 하셨사옵니다. 저희 생명에서 부처님의 자비로운 위신력이 샘물처럼 솟아나고, 부처님의 크신 자비와 큰 서원은 생명의 소망으로 빛나고 있음을 깨달았습니다.

저희들의 용기는 무장애 신력으로 장엄하였고, 부처님의 자비하신 가호력이 영원히 함께 함을 깨달았습니다. 부처님의 크나큰 원력이 저희들과 저희 국토를 성숙시키시니 저희 국토는 영원히 진리를 실현하고 영광으로 가득 채울 축복될 땅임을 깨달았습니다. 이처럼 커다란 은혜와 찬란한 광명으로 장엄한 저희들에게 어찌

실로 불행과 고난이 있사오리까.

　영원히 행복하고 뜻하는 바는 모두 이루며, 행운과 성공이 끝없이 너울치는 은혜의 평원이 열리고 있사옵니다. 마하반야바라밀의 크신 위덕이 이와 같이 일체중생 일체국토를 광명으로 성숙시키고, 일체생명 위에 무애 위덕을 갖추어 주셨사옵니다.

　이와 같은 부처님의 대자비 은덕으로, 저희들의 생각은 항상 맑고 뜻은 바르며, 마음은 끝없이 밝은 슬기로 가득차 있사옵니다. 그러므로 저희들이 부처님의 반야법문을 깨닫고 이 믿음에 머무르니 끝없는 행복의 나날이 열려옵니다. 불행은 이름을 감추고, 희망의 햇살은 나날이 밝음을 더하고, 성공의 나무에는 은혜의 과실이 풍성하고, 저희들의 생애는 끝없는 성취를 충만케 하십니다.

대자비 세존이시여, 이제 저희들은 부처님의 끝없는 은혜 광명 속에서 지성으로 감사드리고 환희 용약하오면서 서원을 드리옵니다.

저희들은 반야 법문에서 결코 물러서지 않겠습니다. 생명의 바닥에 영원히 빛나는 부처님의 끝없는 은혜를 잠시도 잊지 않겠습니다. 온 누리 온 중생 위에 끊임없이 넘치는 부처님의 자비 은덕을 끝없이 존경하고 찬탄하겠습니다. 부처님을 위시한 일체 삼보님과 일체 중생에게 온갖 정성 바쳐 공양하고, 섬기고 받들겠습니다. 그리하여 영원토록 모든 국토 모든 중생에게 평화 행복이 결실되도록 힘쓰겠습니다.

　자비하신 세존이시여, 저희들의 이 서원이 이루어지도록 가호하여 주옵소서. 모든 번뇌에서 해탈하고 고난에서 벗어나며, 대립과 장애와 온갖 한계의 벽을 무너뜨리고, 걸림없는 반야광명이 드러나게 하여 주옵소서. 미혹의 구름이 덮혀 올 때 믿음의 큰 바람이 일게 하시며, 고난과 장애를 보게 될 때 바라밀 무장애의 위덕이 빛나게 하여 주옵소서. 그리하여 저희들의 생애가 보살의 생애로서, 일체 중생과 역사와 국토를 빛냄으로써 마침내 부처님의 크신 은덕을 갚아지이다.

　나무석가모니불
　나무석가모니불
　나무시아본사석가모니불.

축원문 (왕생정토 기원)

시방삼세 영원토록 항상하신 삼보전에
저희들이 일심정성 우러－러 아뢰오니
대자대비 베푸시어 거두－어 주옵소서.
위로조차 닦아－온 한이없는 큰공덕을
위－없는 보리도와 제불보살 큰성현과
삼계일체 중생에게 모두회향 하옵나니
일체－에 두루하여 원만하여 지이－다.
저희조국 대한민국 만만세로 평화롭고
겨레형제 안락하고 큰보리심 발하오며
세계국토 항상맑고 천국만민 자유얻고
십류사생 빠짐없이 고루성불 하여이다.
위－없이 밝은법문 온천지에 넘쳐나고
불법광명 항상빛나 큰법수레 굴리이다.
사바세계 한반도에 보리도량 빛난중에

저희들이 계수하며 일심정성 원하오니
자비하신 원력으로 다시거둬 주옵소서.

역대선망 조상님과 시방법계 영가들이
〔선망 (자모) (본관○씨) ○○○영가가〕
거룩하온 이인연에 크신은혜 가득입고
불보살님 크신광명 그의앞길 밝게비춰
과거생과 생전중에 지은업장 소멸되고
극락세계 구품연대 상상품에 가서나고
아미타불 친견하여 법문듣고 마음열어
생사없는 큰지혜를 남김없이 요달하여
시방국토 드나들며 광명놓고 설법하여
불보살님 크신서원 함께이룩 하여이다.
다시또한 이미가신 스승님과 부모님과
누─세의 종친들과 형제자매 영가들과
불법도량 창건이래 중건중수 공덕주와

오늘날에 이르도록 인연공덕 지은이와
도량내외 유주무주 외로-운 영가들과
나라위해 목숨바친 충의장병 애국선열
세계평화 이루고자 몸을바친 성현들과
지옥계와 아귀도중 고통받는 고혼들이
부처님의 한이없는 대비원력 입사와서
삼-계의 고통바다 모두함께 벗어나고
극락세계 광명국토 연꽃나라 왕생하여
부처님의 감로법문 정수리게 부어지고
큰반야의 밝은지혜 활연성취 하여이다.
아울-러 바라옴은 금일지성 제자들과
노소남녀 가족들과 형제들과 친족들과
이도량에 함께모인 스님들과 신도들에
부처님의 자비광명 어느때나 감싸아서
마음속의 원하는바 착한소망 다이루고
나날-이 상서일고 모든재난 소멸하며

수명의산 견고하고 복의바다 더욱넓어
밝은지혜 큰원으로 보살대도 이뤄지이다.
온—법계 불자들이 크신은혜 항상입어
보리도량 다이르고 불보살님 친견하여
제불광명 항상받고 모든죄장 소멸하며
한량없는 지혜얻고 무상정각 이루어서
법계중생 모두함께 마하반야 바라밀—.

   나무석가모니불
   나무석가모니불
   나무시아본사석가모니불

광덕(光德)

1927년 경기도 화성 출생.
1950년 부산 범어사 동산 선사(東山禪師) 문하에 출가하였으며,
불광회 법주 및 월간「佛光」발행인을 역임,
1999년 2월 27일 열반까지 한국 불교사에
반야행원사상을 확립, 전법에 평생을 바치셨다.
역저서에「지장경」「금강반야바라밀경」「천수관음경」
「선관책진(禪關策進)」「육조단경(六祖壇經)」
「빛의 목소리」「연화의식문」「삶의 빛을 찾아」
「생의 의문에서 그 해결까지」「반야심경 강의」
「행복의 법칙」「만법과 짝하지 않는 자」
등 다수가 있다.

부모은중경 · 관음경

1978년 10월 7일 초판 발행
2008년 6월 10일 재판 21쇄

편역인/광덕
펴낸이/박상근(至弘)
펴낸곳/불광출판사

138 · 844 서울 송파구 석촌동 165-14
대표전화 420 · 3200
편 집 부 420 · 3300
팩시밀리 420 · 3400
http://www.bulkwang.or.kr
등록번호 제 1 - 183호(1979. 10. 10)

◉ 잘못된 책은 바꾸어 드립니다.
값 7,500원

ISBN 89-7479-603-1

父母恩重經・觀音經

大報父母恩重經

第一序分

如是我聞 一時 佛在王舍城 舍衛國 祇樹給孤獨園 與大比丘三萬八千人 菩薩摩訶薩眾俱

第二正宗分

爾時 世尊將領大衆 往詣南行 見一堆枯骨 爾時 如來 五體投地 禮拜枯骨 阿難大衆白佛言 世尊如來是三界大師 四生慈父 衆人歸敬 云何禮拜枯骨 佛告阿難 汝雖是吾上足弟子 出家深遠 知事未廣 此一堆枯骨 或是我前世翁祖累世爺孃 吾今禮拜 佛告阿難 汝將此一堆枯骨 分作二分 若是男子骨頭 重 若是女人骨頭 黑了又輕 阿難白佛言 世尊 男人在世 衫帶靴帽裝裹 即知是

男兒之身 女人在世 濃塗赤硃臙脂 蘭麝裝裹 即知是女流之身 如今死後 白骨一般 教弟子如何認得

佛告阿難 若是男人 在世之時 入於伽藍 聽講誦經 禮拜三寶 念佛名字 所以骨頭 白了又重 女人在世 恣情淫欲 生男養女 一迴生箇孩兒 流出三斗三升凝血 飲孃八斛四斗白乳 所以骨頭 黑了又輕 阿難聞語 痛割於心 垂淚悲泣 白佛言 世尊 母恩德者 云何報答

佛告阿難 汝今諦聽 吾今爲汝 分別解說 阿孃懷子 十月之中 極是辛苦 阿孃一箇月懷胎 恰如草頭上珠 保朝不保暮 早晨聚將來 午時消散去 阿孃兩箇月 懷胎恰如撲落凝蘇 阿孃三箇月 懷胎恰如凝血 阿孃四箇月 懷胎稍作人形 阿孃五箇月 懷胎在孃腹中 生五胞 何者名爲五胞 頭爲一胞 兩肘爲三胞 兩膝爲五胞 阿孃六箇月 懷胎孩兒 在孃腹中 六精開 何者名爲六精 眼爲一精 耳爲二精 鼻爲三精 口是四精 舌是五精 意爲六精

恩重經

阿孃七箇月 懷胎孩兒 在孃腹中 生三百六十骨節 八萬四千毛孔 阿孃八箇月 懷胎生其意智 長其九竅 阿孃九箇月 懷胎孩兒 在孃腹中 喫食 不飡桃梨蒜菓五穀飲味 阿孃生藏向下 熟藏向上 有一座山 此山 有三般名字 一號須彌山 二號業山 三號血山 此山一度崩來 化爲一條凝血 流入孩兒口中 阿孃十箇月 懷胎 方乃降生 若孝是順之男 擘拳合掌而生 不損阿孃 若是五逆之子 擘破阿孃胞胎 手攀阿孃心肝 脚踏孃胯骨 教孃如千刀攪腹 恰似萬刃攢心 如斯痛苦 生得此身 猶有十恩

第一 懷耽守護恩 頌曰

累劫因緣重　　今來托母胎
月逾生五藏　　七七六精開
體重如山岳　　動止惻風災
羅衣都不掛　　裝鏡惹塵埃

第二 臨產受苦恩 頌曰

懷經十箇月　產難欲將臨
朝朝如重病　日日似昏沉
惶怖難成記　愁淚滿胸襟
含悲告親族　惟懼死來侵

第三 生子忘憂恩 頌曰

慈母生君日　五腸揔開張
身心俱悶絕　血流似屠羊
生己聞兒健　歡喜倍加常
喜定悲還至　痛苦徹心腸

第四 咽苦吐甘恩 頌曰

父母恩深重　恩憐無失時
吐甘無所食　咽苦不嚬眉
愛重情難忍　恩深復倍悲
但令孩子飽　慈母不辭飢

7　恩重經

第五　廻乾就濕恩　頌曰
母自身俱濕　　將兒以就乾
兩乳充飢渴　　羅袖掩風寒
恩憐恒廢寢　　寵弄振能歡
但令孩子穩　　慈母不求安

第六　乳哺養育恩　頌曰
慈母象於地　　嚴父配於天
覆載恩將等　　父孃意亦然
不憎無眼目　　不嫌手足攣
誕腹親生子　　終日惜兼憐

第七　洗濯不淨恩　頌曰
憶昔美容質　　姿媚甚豐濃
眉分翠柳色　　兩臉奪蓮紅
恩深摧玉貌　　洗濯損盤龍

第八　遠行憶念恩　頌曰

死別誠難忍　生離亦悲傷

子出關山外　母意在他鄉

日夜心相逐　流淚數千行

如猿泣愛子　憶念斷肝腸

第九　為造惡業恩　頌曰

父母江山重　深恩報實難

子苦願代受　兒勞母不安

聞道遠行去　行遊夜臥寒

男女暫辛苦　長使母心酸

第十　究竟憐愍恩　頌曰

父母恩深重　恩憐無失時

起坐心相逐　遠近意相隨

只為憐男女　慈母改顏容

9 恩重經

母年一百歲　常憂八十兒
欲知恩愛斷　命盡始分離

佛告阿難　我觀衆生　雖紹人品　心行愚蒙　不思爺孃　有大恩德　不生恭敬　棄恩
背德　無有仁慈　不孝不義　阿孃懷子十月之中　起坐不安　如擎重擔　飲食不下
如長病人　月滿生時　受諸苦痛　須臾行惡　恐爲無常　如殺猪羊　血流遍地　受如是
苦　生得此身　咽苦吐甘　抱持養育　洗濁下淨　不憚劬勞　忍熱忍寒　不辭辛苦　乾
處兒臥　濕處母眠　三年之中　飲母白血　嬰孩童子　乃至盛年　將教禮義　婚嫁官學
備求資業　攜賀艱辛　懃苦之終　不言恩絕　男女有病　父母病生　子若病愈　慈母方
瘥　如斯養育　願早成人
及其長成　返爲不孝　尊親共語　應對㤪慵　㤪眼戾睛　欺凌伯叔　打罵兄弟　毀辱
親情　無有禮義　不遵師範　父母教令　久不依從　兄弟共言　故相拗戾　出入往來
不啓尊人　言行高䟽　擅意爲事　父母訓罰　伯叔語非　童幼憐愍　尊人遮謹　漸漸長成

狼戾不調 不伏觝爲 返生嗔恨 棄諸親友 朋附惡人 習己性成 遂爲強計 被人誘進
逃竄他鄉 違背爺孃 離家別貫 或因經紀 或爲征行 荏苒因循 便爲婚娶 由斯留礙
久不還家 或在他鄉 不能謹愼 被人謀點 橫事勾牽 枉被刑責 牢獄枷鎖 或遭病
患厄難縈纏 因苦飢羸 無人看侍 被他嫌賤 倚棄街衢 因此命終 無人救療 膨
脹爛壞 日曝風吹 百骨漂零 寄他鄉土 便與親族 歡會長乖 父母心隨 永懷憂念
或因啼泣 眼闇目盲 或爲悲哀 氣咽成病 或緣憶子 衰變死亡 作鬼暴魂 不曾割捨
或復聞 子不崇孝義 朋逐異端 無賴麤頑 好習無益 鬪打竊盜 觸犯鄉閭 飲酒
樗蒲 奸非過失 帶累兄弟 惱亂爺孃 晨去暮還 尊親憂念 不知父母 動止寒溫
晦朔朝脯 永乖扶侍 父母年邁 形貌衰羸 羞恥見人 嗔呵欺抑 或復父孤母寡
獨守空堂 猶若客人 寄住他舍 床席塵土 拂拭無時 參問起居 從斯斷絕 寒溫飢
渴曾不聞知 晝夜恒常 自嗟自嘆 應賚饌物 供養尊親 每詐羞慚 異人恠笑 或
持時食 供給妻兒 醜拙疲勞 無避羞恥 妻妾約束 每事依從 尊者嗔喝 全無畏懼
或復是女 通配他人 未嫁之時 咸皆孝順 婚嫁已訖 不孝逐增 父母微嗔 即生怨
恨 夫婿打罵 忍受甘心 異姓他宗 情深眷重 自家骨肉 却已爲踈 或隨夫婿 外

11 恩重經

郡他鄉　離別爺孃　無心戀慕　斷絕消息　音信不通　令使爺孃　懸腸排肚　當己倒懸
每思見面　如渴思漿　無有休息　父母恩德　無量無邊　不孝之儔　卒陣難報
爾時　大衆聞佛所說父母恩德　舉身投地　渾推自撲　身毛孔中　悉皆流血　悶絕
躃地　良久乃蘇　高聲唱言　苦哉痛哉　我等今者　深是罪人　從來未覺　冥闇夜遊
今悟知非　心膽俱碎　惟願世尊　哀愍救拔　云何報得　父母深恩
爾時如來　即以八種深重梵音　告諸大衆　汝等當知　吾今爲汝　分別解說　假使
有人　左肩擔父　右肩擔母　研皮止骨　骨穿至髓　遶須彌山　經百千匝　猶不能報
父母深恩　假使有人　遭飢饉劫　爲於爺孃　盡身己身　臠割碎壞　猶如微塵　經百千
劫　猶不能報　父母深恩　假使有人　手執利刀　爲於爺孃　割其眼睛　獻於如來　經
百千劫　猶不能報　父母深恩　假使有人　爲於爺孃　亦以利刀　割其心肝　血流遍地
不辭痛苦　經百千劫　猶不能報　父母深恩　假使有人　爲於爺孃　百千刀輪　於自身
中　左右出入　經百千劫　猶不能報　父母深恩　假使有人　爲於爺孃　體掛身燈供

養如來 經百千劫 猶不能報父母深恩 假使有人 為於爺孃 打骨出髓 百千鋒戟

一時刺身 經百千劫 猶不能報 父母深恩

假使有人 為於爺孃 吞熱鐵丸 經百千劫遍身燋爛 猶不能報 父母深恩

爾時 大眾聞佛所說 父母恩德 垂淚悲泣 白佛言 世尊 我等今者 深是罪人 云何報得父母深恩 佛告弟子 欲得報恩 為於父母 書寫此經 為於父母 讀誦此經 為於父母 懺悔罪愆 為於父母 供養三寶 為於父母 受持齋戒 為於父母 布施修福 若能如是 則名為孝順之子 不作此行 是地獄人

佛告阿難 不孝之子 身壞命殄 墮阿鼻 無間地獄 此大地獄 縱廣八萬由旬 四面鐵城 周廻網羅 其地赤鐵 盛火洞然 猛烈炎爐 雷奔電爍 洋銅鐵汁 流灌罪人 鐵鎗鐵串 鐵槌鐵戟 劍刃刀輪 如雨如雲 空中而下 或斬或刺 苦罰罪人 歷劫受殃 無時間歇 又令更入地獄中 頭戴火盆 鐵車分裂 腸肝骨肉 燋爛縱橫 一日之中 千生萬死 受如

是苦 皆因前身 五逆不孝 故獲斯罪

爾時 大衆聞佛所說父母恩德 垂淚悲泣 告於如來 我等今者 云何報得父母深恩 佛告弟子 欲得報恩 爲於父母 重與經典 是眞報得父母恩也 能造一卷 得見一佛 能造十卷 得見十佛 能造百卷 得見百佛 能造千卷 得見千佛 能造萬卷 得見萬佛 緣此等人 造經力故 是諸佛等 常來擁護 令使其人父母 得生天上 受諸快樂 永離地獄苦

第三 流通分

爾時 大衆 阿修羅 迦樓羅 緊那羅 摩睺羅伽 人非人等 天龍夜叉 乾闥婆 乃諸小王 轉輪聖王 是諸大衆聞佛所說 各發願言 我等 盡未來際 寧碎此身 猶如微塵 經百千劫 誓不違於如來聖教 寧以百千刀 拔出其舌 長百由旬 鐵犁耕之 血流成河 誓不違於如來聖教 寧以百千刀輪 於自身中 左右出入 誓不違於如來聖教 寧以鐵網 周匝纏身 經百千劫 誓不違於如來聖教 寧以剉碓 斬碎其身 百

千萬斷 皮肉筋骨 悉皆零落 經百千劫 終不違於如來聖教

爾時 阿難白佛言 世尊此經 當何名之 云何奉持 佛告阿難 此經 名爲大報父母恩重經 已是名字 汝當奉持 爾時大衆 天人阿修羅等聞佛所說 皆大歡喜 信受奉行 作禮而退

佛說盂蘭盆經

西晉 月氏三藏 竺法護譯

聞如是 一時 佛在舍衛國祇樹給孤獨園 大目乾連 始得六通 欲度父母 報乳哺之恩 即以道眼觀視世間 見其亡母生餓鬼中 不見飲食皮骨連立 目連悲哀 即鉢盛飯 往餉其母 母得鉢飯 便以左手障飯 右手搏飯食 未入口化成火炭 遂不得食 目連大叫悲號啼泣 馳還白佛 具陳如此

佛言 汝母罪根深結 非汝一人力所奈何 汝雖孝順聲動天地 天神 地神 邪魔外道道士 四天王神 亦不能奈何 當須十方衆僧威神之力 乃得解脫 吾今當 為汝說救濟之法 令一切難 皆離憂苦 罪障消除

佛告目連 十方衆僧 於七月十五日 僧自恣時 當為七世父母 及現在父母厄難中者 具飯百味五果 汲灌盆器 香油錠燭 床敷臥具 盡世甘美 以著盆中 供養十方 大德衆僧 當此之日 一切聖衆 或在山間禪定 或得四道果 或樹下經行 或六

通自在　敎化聲聞緣覺　或十地菩薩　大人權現比丘　在大衆中　皆同一心　受鉢和
羅飯　具清淨戒聖衆之道　其德汪洋　其有供養　此等自恣僧者　現在父母　七世父
母　六種親屬　得出三途之苦　應時解脫　衣食自然　若復有人　父母現在者　福樂百
年　若已亡　七世父母生天　自在化生入天華光　受無量快樂
時佛勅十方衆僧　皆先爲施主家呪願　七世父母　行禪定意　然後受食　初受盆時
先安在佛塔前　衆僧呪願竟　便自受食
爾時　目連比丘　及此大會大菩薩衆　皆大歡喜　而目連悲啼泣聲　釋然除滅　是
時　目連其母　即於是日　得脫一劫餓鬼之苦
爾時　目連復白佛言　弟子所生父母　得蒙三寶功德之力　衆僧威神之力故　若未
來世　一切佛弟子　行孝順者　亦應奉此盂蘭盆　救度現在父母　乃至七世父母　爲
可爾不
佛言　大善快問　我正欲說　汝今復問　善男子　若有比丘比丘尼　國王太子　王子
大臣宰相　三公百官萬民庶人　行孝慈者　皆應爲所生現在父母　過去七世父母　於
七月十五日　佛歡喜日　僧自恣日　以百味飮食　安盂蘭盆中　施十方自恣僧　乞願

便使現在父母　壽命百年　無病　無一切苦惱之患　乃至七世父母　離餓鬼苦　得生天人中　福樂無極

佛告　諸善男子善女人　是佛弟子　修孝順者　應念念中　常憶父母　供養乃至七世父母　年年七月十五日　常以孝順慈憶所生父母　乃至七世父母　為作盂蘭盆　施佛及僧　以報父母長養慈愛之恩　若一切佛弟子　應當奉持是法

爾時　目連比丘　四輩弟子　聞佛所說　歡喜奉行

佛說盂蘭盆經

大乘本生心地觀經
報恩品 父母恩重章

爾時王舍大城 有五百長者 即從座起 偏袒右肩 右膝著地 合掌恭敬 異口同音 前白佛言 世尊 我等不樂大乘諸菩薩行 亦不喜聞苦行音聲 所以者何 一切菩薩所修行願 皆悉不是知恩報恩

爾時佛告五百長者 善哉善哉 汝等聞於讚歎大乘 心生退轉 發起妙義 利益安樂未來世中 不知恩德一切眾生 諦聽諦聽 善思念之 我今為汝分別演說 世出世間有恩之處 善男子 汝等所言 未可正理 何以故 世間之恩 有其四種 一父母恩 二眾生恩 三國王恩 四三寶恩 如是四恩 一切眾生平等荷負

善男子 父母恩者 父有慈恩 母有悲恩 母悲恩者 若我住世 於一劫中說不能盡 我今為汝宣說少分 假使有人 為福德故 恭敬供養 一百淨行大婆羅門 一百五通諸大神仙 一百善友 安置七寶上妙堂內 以百千種上妙珍膳 垂諸瓔珞 眾寶衣

報恩品

服栴檀沈香 立諸房舍 百寶莊嚴 牀臥敷具 療治衆病百種湯藥 一心供養滿百千劫 不如一念 住孝順心 以微少物 色養悲母 隨所供侍 比前功德百千萬分不可校量 世間悲母 念子無比 恩及未形 始自受胎 經於十月 行住坐臥 受諸若惱 非口所宣 雖得欲樂 飲食衣服 而不生愛 憂念之心 恒無休息 但自思惟 將欲生產 漸受諸苦 晝夜愁惱 若產難時 如百千刃 競來屠割 遂致無常 若無若惱 諸親眷屬 喜樂無盡 猶如貧女 得如意珠 其子發聲 如聞音樂 以母胸臆而爲寢處 左右膝上常爲遊履 於胸臆中 出甘露泉 長養之恩 彌於普天 憐愍之德 廣大無比 世間所高 莫過山岳 悲母之恩 逾於須彌 世間之重 大地爲先 悲母之恩 亦過於彼 若有男女背恩不順 令其父母生怨念心 母發惡言 子即隨墮 或在地獄餓鬼畜生 世間之疾 莫過猛風 怨念之微 復速於彼 一切如來 金剛天等 及五通仙 不能救護 若善男子善女人 依悲母教 承順無違 諸天護念 福樂無盡 如是男女 即名尊貴天人種類 或是菩薩爲度衆生 現爲男女 饒益父母 若善男子善女人 爲報母恩 經於一劫 每日三時 割自身肉以養父母 而未能報一日之恩 所以者何 一切男女處於胎中 口吮乳根 飲噉母血 及出胎已 幼稚之前 所飲母乳百八十斛

報恩品

母得上味　皆與其子　珍妙衣服　亦復如是　愚癡鄙陋　情愛無二　昔有女人　遠遊他
國　抱所生子　渡殑伽河　其水暴漲　力不能前　愛念不捨　母子俱沒　以是慈心善根
力故　即得上生色究竟天　作大梵王　以是因緣　母有十德　一名大地　於母胎中爲所
依故　二名能生　經歷衆苦而能生故　三名能正　恒以母手理五根故　四名養育　隨
四時宜能長養故　五名智者　能以方便生智慧故　六名莊嚴　以妙瓔珞而嚴飾故　七
名安隱　以母懷抱爲止息故　八名教授　善巧方便導引子故　九名教誡　以善言辭離
衆惡故　十名與業　能以家業付囑子故　善男子　於諸世間　何者最富　何者最貧　悲
母在堂　名之爲富　悲母不在　名之爲貧　悲母在時　名爲日中　悲母死時　名爲日沒
悲母亡時　名爲闇夜　是故汝等　勤加修習孝養父母　若人供
佛福等無異　應當如是報父母恩

爾時王舍大城東北八十由旬　有一小國名增長福　於彼國中有一長者　名曰智光
其年衰邁唯有一子　其子惡性　不順父母所有教誨　皆不能從　遙聞釋迦牟尼如來
在王舍城耆闍崛山　爲濁惡世無量衆生　宣說大乘報恩之法　父母及子　並諸眷屬

21 報恩品

為聽法故 齎持供具 來詣佛所 供養恭敬 而白佛言我有一子 其性弊惡 不受父母所有教誨 今聞佛說報四種恩 為聽法故 來詣佛所 惟願世尊為我等類 及諸眷屬宣說四恩甚深妙義 令彼惡子生孝順心 此世當生 令得安樂爾時佛告智光 善哉善哉 汝為法故 來至我所供養恭敬 樂聞是法 汝等諦聽 善思念之

世間凡夫無慧眼　迷於恩處失妙果
五濁惡世諸衆生　不悟深恩恒背德
我為開示於四恩　令入正見菩提道
慈父悲母長養恩　一切男女皆安樂
慈父恩如如山王　悲母恩深如大海
若我住世於一劫　說悲母恩不能盡
我今略說於少分　猶如蚊虻飲大海
假使有人為福德　供養淨行婆羅門
五通神僊自在者　大智師長及善友

報恩品

安置七珍爲堂殿　及以牛頭栴檀房
療治萬病諸湯藥　盛滿金銀器物中
如是供養日三時　乃至數盈於百劫
不如一念申少分　供養悲母大恩田
福德無邊不可量　算分喻分皆無比
世間悲母孕其子　十月懷胎長受苦
於五欲樂情不著　隨時飲食亦同然
晝夜常懷悲愍心　行住坐臥受諸苦
若正誕其胎藏子　如攢鋒刀解肢節
迷惑東西不能辯　偏身疼痛無所堪
或因此難而名終　六親眷屬咸悲惱
如是衆苦皆由子　憂悲痛切非口宣
若得平復身安樂　如貧獲寶喜難量
顧視容顏無厭足　憐念之心不暫捨

23 報恩品

母子恩情常若是　出入不離胸臆前
母乳猶如甘露泉　長養及時曾無竭
慈念之恩實難比　鞠育之德亦難量
世間大地稱爲重　悲母恩重過於彼
世間須彌稱爲高　悲母恩高過於彼
世間速疾唯猛風　擧心一念過於彼
若有衆生行不孝　令母暫時起恨心
怨念之辭少分生　子乃隨言遭苦難
一切佛與金剛天　神僊秘法無能救
若有男女依母教　承順顏色不相違
一切災難盡消除　諸天擁護常安樂
若能承順於悲母　如是男女悉非凡
大悲菩薩化人間　示現報恩諸方便
若有男子女人及　爲報母恩行孝養

報恩品 24

割肉刺血常供給　如是數盈於一切
種種勤修於孝道　猶未能報暫時恩
十月處於胎藏中　常銜乳根飲胎血
自爲嬰孩及童子　所飲母乳百斛餘
飲食湯藥妙衣服　子先母後爲常則
子若愚癡人所惡　恩亦憐憫不棄遺
昔有女人抱其子　渡於恒河水瀑流
以沈水故力難前　與子俱沒無能捨
爲是慈念善根力　命終上生於梵天
長受梵天三昧樂　得遇如來受佛記
一名大地二能生　三能正者四養育
五與智者六莊嚴　七名安穩八教授
九教誡者十與業　餘恩不過於母恩
何法世間最富有　何法世間最貧無

25 報恩品

母在堂時為最富　母不在時為最貧
母在之時為日中　悲母亡時為日沒
母在之時皆圓滿　悲母亡時悉空虛
世間一切善男子　恩重父母如邱山
應當孝敬恒在心　知恩報恩是聖道
不惜身命奉甘旨　未曾一念虧色養
如其父母奄喪時　將欲報恩誠不及
佛昔修行為慈母　感得相好金色身
名聞廣大徧十方　一切人天咸稽首
人與非人皆恭敬　自緣往昔報慈恩
我昇三十三天宮　三月為母說真法
令母聽聞歸正道　悟無生忍常不退
如是皆為報悲恩　雖報恩深猶未足
神通第一目犍連　已斷三界諸煩惱

報恩品

以神通力觀慈母　見在受苦餓鬼中
目連自往報母恩　救免慈親所受苦
上生他化諸天衆　共爲遊樂處天宮
當知父母恩最深　諸佛聖賢咸報德
若人至心供養佛　復有精勤修孝養
知是二人福無異　三世受報亦無窮
世人爲子造諸罪　墮在三塗長受苦
男女非聖無神通　不見輪廻難可報
哀哉世人無聖力　不能拔濟於慈母
以是因緣汝當知　勤修福利諸功德
以其男女追勝福　有大金光照地獄
光中演說深妙音　開悟父母令發意
憶昔所生常造罪　一念悔心悉除滅
口稱南無三世佛　得脫無瑕苦難身

27 報恩品

往生人天長受樂　見佛聞法當成佛
或生十方淨土中　七寶蓮華爲父母
華開見佛悟無生　不退菩薩爲同學
獲六神通自在力　得入菩提微妙宮
皆是菩薩爲男女　乘大願力化人間
是名眞報父母恩　汝等衆生共修學

妙法蓮華經觀世音菩薩普門品

爾時　無盡意菩薩　即從座起　偏袒右肩　合掌向佛　而作是言　世尊　觀世音菩薩　以何因緣　名觀世音　佛告無盡意菩薩　善男子　若有無量百千萬億衆生　受諸苦惱　聞是觀世音菩薩　一心稱名　觀世音菩薩　即時觀其音聲　皆得解脫　若有持是觀世音菩薩名者　設入大火　火不能燒　由是菩薩威神力故　若爲大水所漂　稱其名號　即得淺處　若有百千萬億衆生　爲求金銀琉璃　硨磲瑪瑙　珊瑚琥珀　眞珠等寶　入於大海　假使黑風　吹其船舫　漂墮羅刹鬼國　其中若有乃至一人　稱觀世音菩薩名者　是諸人等　皆得解脫羅刹之難　以是因緣　名觀世音　若復有人　臨當被害　稱觀世音菩薩名者　彼所執刀杖　尋段段壞　而得解脫　若三千大千國土　滿中夜叉羅刹　欲來惱人　聞其稱觀世音菩薩名者　是諸惡鬼　尚不能以惡眼視之　況復加害　設復有人　若有罪　若無罪　杻械枷鎖　檢繫其身　稱觀世音菩薩名者　皆悉斷壞　即得解脫　若三千大千國土　滿中怨賊　有一商主　將

諸商人 齎持重寶 經過嶮路 其中一人 作是唱言 諸善男子 勿得恐怖 汝等
應當一心稱觀世音菩薩名號 是菩薩 能以無畏 施於衆生 汝等 若稱名者 於
此怨賊 當得解脫 衆商人聞 俱發聲言 南無觀世音菩薩 稱其名故 即得解脫
無盡意 觀世音菩薩摩訶薩 威神之力 巍巍如是 若有衆生 多於婬欲 常念恭
敬觀世音菩薩 便得離欲 若多嗔恚 常念恭敬觀世音菩薩 便得離嗔 若多愚癡
常念恭敬觀世音菩薩 便得離癡 無盡意 觀世音菩薩 有如是等 大威神力 多所
饒益 是故 衆生 常應心念 若有女人 設欲求男 禮拜供養觀世音菩薩 便生福
德智慧之男 設欲求女 便生端正有相之女 宿植德本 衆人愛敬 無盡意 觀世
音菩薩 有如是力 若有衆生 恭敬禮拜觀世音菩薩 福不唐捐 是故 衆生 皆應
受持觀世音菩薩名號 無盡意 若有人 受持六十二億恆河沙菩薩名字 復盡形
供養飲食衣服臥具醫藥 於汝意云何 是善男子善女人 功德 多不 無盡意言
甚多 世尊 佛言 若復有人 受持觀世音菩薩名號 乃至一時禮拜供養 是二人
福 正等無異 於百千萬億劫 不可窮盡 無盡意 受持觀世音菩薩名號 得如是
無量無邊福德之利 無盡意菩薩 白佛言 世尊 觀世音菩薩 云何遊此娑婆世界

云何而爲眾生說法 方便之力 其事云何 佛告無盡意菩薩 善男子 若有國土眾生 應以佛身得度者 觀世音菩薩 即現佛身 而爲說法 應以辟支佛身得度者 即現辟支佛身 而爲說法 應以聲聞身得度者 即現聲聞身 而爲說法 應以梵王身得度者 即現梵王身 而爲說法 應以帝釋身得度者 即現帝釋身 而爲說法 應以自在天身得度者 即現自在天身 而爲說法 應以大自在天身得度者 即現大自在天身 而爲說法 應以天大將軍身得度者 即現天大將軍身 而爲說法 應以毗沙門身得度者 即現毗沙門身 而爲說法 應以小王身得度者 即現小王身 而爲說法 應以長者身得度者 即現長者身 而爲說法 應以居士身得度者 即現居士身 而爲說法 應以宰官身得度者 即現宰官身 而爲說法 應以婆羅門身得度者 即現婆羅門身 而爲說法 應以比丘比丘尼優婆塞優婆夷身得度者 即現比丘比丘尼優婆塞優婆夷身 而爲說法 應以長者居士宰官婆羅門婦女身得度者 即現婦女身 而爲說法 應以童男童女身得度者 即現童男童女身 以爲說法 應以天龍夜叉乾闥婆阿修羅迦樓羅緊那羅摩睺羅伽人非人等身得度者 皆現之 而爲說法 應以執金剛神得度者 即現執金剛神 而爲說法 無盡意 是

觀世音菩薩 成就如是功德 以種種形 遊諸國土 度脫眾生 是故 汝等 應當一心供養觀世音菩薩 是觀世音菩薩摩訶薩 於怖畏急難之中 能施無畏 是故 此娑婆世界 皆號之爲施無畏者 無盡意菩薩 白佛言 世尊 我今當供養觀世音菩薩 即解頸眾寶珠瓔珞 價值百千兩金 而以與之 作是言 仁者 受此法施珍寶瓔珞 時 觀世音菩薩 不肯受之 無盡意 復白觀世音菩薩言 仁者 愍我等故 受此瓔珞 爾時佛告觀世音菩薩 當愍此無盡意菩薩 及四眾 天龍 夜叉 乾闥婆 阿修羅 迦樓羅 緊那羅 摩睺羅伽 人非人等故 受是瓔珞 即時 觀世音菩薩 愍諸四眾 及於天龍人非人等 受其瓔珞 分作二分 一分 奉釋迦牟尼佛 一分 奉多寶佛塔 無盡意 觀世音菩薩 有如是自在神力 遊於娑婆世界

爾時 無盡意菩薩 以偈問曰

世尊妙相具　我今重問彼
佛子何因緣　名爲觀世音
具足妙相尊　偈答無盡意

汝聽觀音行　善應諸方所
弘誓深如海　歷劫不思議
侍多千億佛　發大清淨願
我為汝略說　聞名及見身
心念不空過　能滅諸有苦
假使興害意　推落大火坑
念彼觀音力　火坑變成池
或漂流巨海　龍魚諸鬼難
念彼觀音力　波浪不能沒
或在須彌峰　為人所推墮
念彼觀音力　如日虛空住
或被惡人逐　墮落金剛山
念彼觀音力　不能損一毛
或值怨賊遶　各執刀加害

33 普門品

念彼觀音力　咸即起慈心
或遭王難苦　臨刑欲壽終
念彼觀音力　刀尋段段壞
或囚禁枷鎖　手足被杻械
念彼觀音力　釋然得解脫
呪詛諸毒藥　所欲害身者
念彼觀音力　還著於本人
或遇惡羅剎　毒龍諸鬼等
念彼觀音力　時悉不敢害
若惡獸圍遶　利牙爪可怖
念彼觀音力　疾走無邊方
蚖蛇及蝮蠍　氣毒烟火然
念彼觀音力　尋聲自廻去
雲雷鼓掣電　降雹澍大雨

眾生被困厄　無量苦逼身
觀音妙智力　能救世間苦
具足神通力　廣修智方便
十方諸國土　無剎不現身
種種諸惡趣　地獄鬼畜生
生老病死苦　以漸悉令滅
眞觀清淨觀　廣大智慧觀
悲觀及慈觀　常願常瞻仰
無垢清淨光　慧日破諸暗
能伏災風火　普明照世間
悲體戒雷震　慈意妙大雲
澍甘露法雨　滅除煩惱燄
諍訟經官處　怖畏軍陣中
念彼觀音力　眾怨悉退散

35 普門品

念彼觀音力　應時得消散
妙音觀世音　梵音海潮音
勝彼世間音　是故須常念
念念勿生疑　觀世音淨聖
於苦惱死厄　能為作依怙
具一切功德　慈眼視眾生
福聚海無量　是故應頂禮

爾時　持地菩薩　即從座起　前白佛言　世尊　若有眾生　聞是觀世音菩薩品自在之業　普門示現神通力者　當知是人　功德不少　佛說是普門品時　眾中八萬四千眾生　皆發無等等阿耨多羅三藐三菩提心